一般社団法人 **金融検定協会 認定**

SDGs・ESG金融
検定試験模擬問題集
24年度試験版

■ 金融検定協会　編

銀行研修社

はじめに

2020年10月、内閣総理大臣が所信表明演説において「2050年までに、温室効果ガスの排出を全体としてゼロにする」と宣言し注目を集めました。

2015年９月、「国連持続可能な開発サミット」で、「我々の世界を変革する：持続可能な開発のための2030アジェンダ」が採択され、「持続可能な開発目標（ＳＤＧｓ）」が人類共通の国際目標に掲げられました。日本も一加盟国としてこれに賛同しており、持続可能な開発のための諸目標を達成する責務を負うことになりました。また、全銀協においても、「行動憲章」を改訂し、持続可能な社会の実現や社会的課題の解決に向けた取組を明確化しており、各金融機関においても積極的な取組が求められているところです。

ＳＤＧｓは、「持続可能」な地球および社会の実現を目標とし、①普遍性、②包摂性、③参画型、④統合性、⑤透明性の５つを特徴とし、17の目標と169のターゲットから構成されており、その十分な理解は欠かせません。

また、最近では、持続可能社会を構築するための投融資として、ＥＳＧ金融への関心が高まっています。Environment（環境）、Social（社会）、Governance（ガバナンス）の頭文字を取った用語で、これらの要素を考慮することにより、長期的で持続性のある投融資を行うことを求めるものです。ＳＤＧｓの取組の一環とされ、金融機関にも対応が求められています。一方、将来的には金融機関の取引先企業も環境や地域社会への貢献がその存続に不可欠となることが考えられ、金融機関職員等にはそのアドバイスも求められることとなります。金融検定協会のＳＤＧｓ・ＥＳＧ金融検定試験は、ＳＤＧｓやＥＳＧ金融の基本から、これらをベースにした金融機関職員としての考え方・金融ビジネスへの繋げ方や取引先支援の考え方の知識を図るものとなっています。

本書並びに認定テキストを活用・学習されることで試験に合格され、その成果を日々の業務に活かされることを願ってやみません。

2024年２月

一般社団法人　金融検定協会

目　次

第１章　金融機関職員のためのＳＤＧｓ・ＥＳＧ金融の基礎知識

第２章　金融機関による地域活性化とＥＳＧ金融

巻末資料

第１章

金融機関職員のための
SDGs・ESG 金融の基礎知識

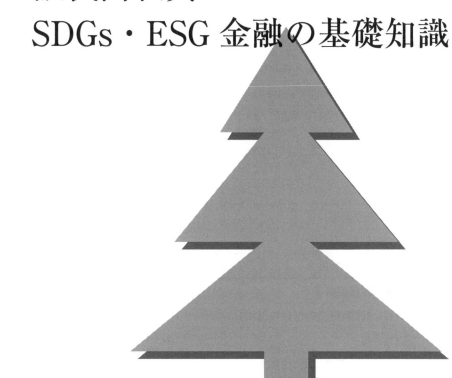

カリキュラム	出　題	
	第80回	第81回
序　章　社会と事業の持続性を確保するために		
1　2020年はスタートの年		
2　SDGsは自分事として取り組む		
3　グリーン成長戦略と地球温暖化対策推進法改正	●	
1　グリーン成長戦略		
2　地球温暖化対策推進法改正		
4　国内金融当局等の動向		●
1　環境省	●	
2　金融庁	●	
(1) SDGs達成に向けた動き		
(2) 直接金融における具体的な取組		
(3) 間接金融における具体的な取組		
(4) 横断的な取組		
(5) SDGs達成に向けた原則、ガイドラインの策定に向けた動き		
3　日本銀行		
4　その他	●	
(1) JPX		
(2) 日本証券業協会		
(3) 全国銀行協会		
(4) 全国地方銀行協会・第二地方銀行協会		
第1章　SDGsを理解する		
1　人類の共通課題解決のためのSDGs		
1　SDGsとは	●	●
2　SDGs「17の目標」と「169のターゲット・指標」	●	●
3　SDGsの背景と特徴		●

(1) SDGsの背景		
(2) SDGsの特徴（MDGsとの比較）	●	
4　課題解決のためのアプローチ手法「バックキャスティング」		●
5　課題解決のための5つのステップ「SDGコンパス」	●	
(1) SDGコンパスとは		
(2) SDGコンパスの「5つのステップ」		
6　SDGINDUSTRYMATRIXの活用		
7　SDGs取組に有益なガイドライン等の情報	●	●
2　SDGs取組動向		
1　持続可能な開発目標（SDGs）報告2021		
(1) SDGINDEXに見る各国の状況		
(2) 2021年版における日本の状況		
2　日本におけるSDGsに対する取組		
(1)「SDGs実施指針」	●	●
(2)「SDGsアクションプラン2021」		
(3)「ジャパンSDGsアワード」		
3　気候変動問題	●	
序　温暖化の影響（主に物理的リスク）と脱炭素の必要性		●
1　脱炭素政策等から生じるリスク(移行リスク)及び機会(移行機会)	●	●
2　気候変動に関する国際連合枠組条約（UNFCCC）の概要		
3　京都議定書		
(1) 第1約束期間		
(2) 第2約束期間		
4　パリ協定	●	●
5　日本の目標、主要国の目標		●
(1) NDC（自国が決定する貢献）		
(2) 気候サミット		

(3) 国連気候変動枠組条約第 26 回締約国会合（COP26）		
6 目標達成に向けた枠組		
(1) 国連交渉の場		
(2) 開発途上国向け資金供与制度		
4 気候変動問題に対する長期戦略		
1 加速するカーボンニュートラルに向けた動き	●	
2 EUの「グリーンディール」		
3 米国バイデン政権の気候変動対策		
4 日本の長期戦略	●	
(1) 新たな「日本の長期戦略」策定		
(2) パリ協定に基づく成長戦略としての長期戦略	●	
(3) 2030 年度における 2013 年比 46%削減に向けた日本の中期戦略		
(4) クリーンエネルギー戦略		
5 温室効果ガス削減に向けた取組		
(1) 日本政府の主な取組	●	
補助金制度等、脱炭素化促進のための国・自治体の政策	●	●
(2) 民間事業者等の主な取組	●	
(3) GHG排出源(スコープ)に関する知識脱炭素化に関する国際的な動き	●	●
(4) 企業経営において排出量削減(ネットゼロの実現)が必要とされる背景		●
(5) 企業における気候変動に関する開示の意義		●
6 温室効果ガスインベントリに見る日本の現状	●	
(1) 温室効果ガスインベントリとは		
(2) 2021 年提出版温室効果ガスインベントリの概要		
第２章　金融機関にとってのSDGs		
1 取組指針を理解する		
1 ポジティブ・インパクト金融原則	●	●
2 責任投資原則（PRI）	●	

3　持続可能な保険原則（PSI）		
4　責任銀行原則（PRB）	●	●
(1) PRBへの署名・取組メリット		
(2) PRB署名に伴う銀行の義務		
(3) PRB取組概要		
5　気候関連財務情報開示タスクフォース（TCFD）	●	●
(1) TCFDとは		
(2) TCFDに取組むためのガイダンス		
(3) TCFDへの賛同状況		
6　脱炭素に向けた金融機関による取組	●	
(1) PCAF		
(2) GFANZ		
7　CSRからCSVへ		
8　CDP		
9　ESG関連の情報開示制度	●	
10　ESG投資指標		
2　海外金融当局、金融機関等の動向		
1　気候変動	●	
(1) NGFS（NetworkforGreeningtheFinancialSystem）		
(2) 気候変動を考慮したストレステスト		
(3) 環境先進地域EUの取組		
2　廃プラスチック問題		
3　サーキュラーエコノミー（循環型経済）		
4　生物多様性		
5　ブルーエコノミー		
第３章　ESG金融を理解する		
1　ESG金融とは何か？		

1　ESG金融の意義		
2　ESG金融の構図		
3　日本が目指すESG金融とは		
4　日本のESG金融		
(1) 国際的な原則等に準拠した日本のESG金融ガイドライン等		
(2) グリーンボンド	●	●
(3) グリーンローン	●	
(4) サステナビリティ・リンク・ローン		●
(5) ソーシャルボンド	●	●
(6) クライメート・トランジション・ファイナンス		
(7) 適応ファイナンス		
(8) ESG対話プラットフォーム		
2　ESG地域金融		
1　ESG地域金融とは		
2　地方に係る政府のSDGsに対する取組		●
(1) 環境省「地域循環共生圏（ローカルSDGs）」		
(2) 内閣府「地方創生SDGs」		
第4章　SDGsとESG金融の実践		
1　身近な課題解決からはじめるSDGsとESG金融	●	
1　CSVの視点で取扱金融商品・サービスをESG金融化する		
2　ESG金融商品	●	●
(1) グリーン預金		
(2) LGBTローン		
3　顧客にSDGsへの取組意義を理解していただくために		

●印は出題箇所

1. ＳＤＧｓを理解する

◆ＳＤＧｓ・ＥＳＧ金融とは

【出題】

持続可能な開発の背景と特徴を理解することはＥＳＧ金融を実践する上で重要なことである。持続可能な開発の背景と特徴に関する次の記述の中で、正しいものを一つ選びなさい。

⑴　持続可能な開発とは、現在の世代が豊かに暮らせるよう地球環境の維持と経済開発を両立させようとする理念である。

⑵　ＳＤＧｓの策定年は「2015年」で、達成期限は「2030年」である。

⑶　ＳＤＧｓを実行する上で求められるアプローチ手法は、「フォアキャスティング」である。

⑷　ＳＤＧｓの活動資金は、「財政」「寄付」によって資金供給されるものであり、民間資金（投資、融資）は想定していない。

▶▶***解説*** --

2020年は、ＳＤＧｓ（持続可能な開発目標）に対する取組が加速し、温室効果ガス削減を目指すパリ協定の目標実現に向けた具体的行動が開始した年としても歴史に残ることとなる。そしてこの行動をお金の面で支えるのがＥＳＧ金融である。

ＳＤＧｓとは、持続可能な開発目標（Sustainable Development Goals）の略語である。ＳＤＧｓは、持続可能な開発のための17の目標と169のターゲット（達成基準）から構成されている。

ＳＤＧｓは、2015年9月25日に国連総会で採択された文書「我々の世界を変革する：持続可能な開発のための2030アジェンダ（Transforming our world: the 2030 Agenda for Sustainable Development）」が示した2030年までに達成すべき世界共通の目標と目標達成に向けた具体的な行動指針に基づく開発目標から構成されている。

産業革命以来20世紀まで人類は、経済開発を優先し地球環境を犠牲にしてきた。その結果、公害（水質汚濁、大気汚染等）や気候変動による災害が多発する事態を招いてきた。それを是正し将来の世代が豊かに暮らせるよう地球環境の維持と経済開発を両立させようとする理念が「持続可能な開発」である。

⑴は、将来の世代が豊かに暮らせるよう地球環境の維持と経済開発を両立させようとする理念である。よって、誤り。

⑵は、設問記述のとおりである。よって、正しい。

⑶は、ＳＤＧｓを実行する上で求められるアプローチ手法は一般的には「フォアキャスティング」ではなく「バックキャスティング」である（p.22参照）。よって、誤り。

⑷は、ＳＤＧｓの活動資金は、「財政」「寄付」のほか民間資金である「投資」、「融資」も想定している（p.22図表参照）。よって、誤り。

正解　⑵

◆ＳＤＧｓと金融機関

【出題】

金融機関がＳＤＧｓに取り組む重要性に関する次の記述の中で、誤っているものを一つ選びなさい。

⑴　金融機関は、ＳＤＧｓの目標を達成するための事業に対して、融資等により資金供給することでＳＤＧｓに貢献することが可能である。

⑵　金融機関は、取引先に対してＴＣＦＤ提言に基づいた気候変動関連リスク及び機会に関する開示を促すことにより、ＳＤＧｓやパリ協定目標達成に貢献することが可能である。

⑶　金融機関は投資や融資を通じて、事業会社や個人に対してＳＤＧｓやパリ協定への取組を促す役割を負っているに過ぎない。

⑷　金融機関は、エネルギー効率の高い設備導入に対する融資によりＳＤＧｓに貢献することが可能である。

▶▶解説

金融機関は、下表における、Ⅰ．ビジネスとイノベーション～SDGsと連動する「Society5.0」の推進～におけるビジネスの推進、Ⅱ．SDGsを原動力とした地方創生、強靭かつ環境に優しい魅力的なまちづくりにおける地方創生の推進、Ⅲ．SDGsの担い手としての次世代・女性のエンパワーメントに対して大きな役割が期待されている。

そして当該活動の推進は、金融庁が地域金融機関に求めている「顧客との共通価値の創造」に直結するものである。

図表　「日本のSDGｓモデル」

『SDGsアクションプラン2020』のポイント

■ 日本は，豊かで活力のある「誰一人取り残さない」社会を実現するため，一人ひとりの保護と能力強化に焦点を当てた「人間の安全保障」の理念に基づき，世界の「国づくり」と「人づくり」に貢献。SDGsの力強い担い手たる日本の姿を国際社会に示す。

■『SDGsアクションプラン2020』では，改定されたSDGs実施指針の下，今後の10年を2030年の目標達成に向けた「行動の10年」とすべく，2020年に実施する政府の具体的な取組を盛り込んだ。

■ 国内実施・国際協力の両面において，次の3本柱を中核とする「日本のSDGsモデル」の展開を加速化していく。

Ⅰ. ビジネスとイノベーション ～SDGsと連動する「Society 5.0」の推進～	Ⅱ. SDGsを原動力とした地方創生， 強靱かつ環境に優しい魅力的なまちづくり	Ⅲ. SDGsの担い手としての 次世代・女性のエンパワーメント
ビジネス ▸ 企業経営へのSDGsの取り込み及びESG投資を後押し。 ▸「Connected Industries」の推進 ▸ 中小企業のSDGs取組強化のための関係団体・地域，金融機関との連携を強化。 **科学技術イノベーション（STI）** ▸STI for SDGsロードマップ策定と，各国のロードマップ策定支援。 ▸STI for SDGsプラットフォームの構築。 ▸研究開発成果の社会実装化促進。 ▸バイオ戦略の推進による持続可能な循環型社会の実現（バイオエコノミー）。 ▸スマート農林水産業の推進。 ▸「Society5.0」を支えるICT分野の研究開発，AI，ビッグデータの活用。	**地方創生の推進** ▸ SDGs未来都市，地方創生SDGs官民連携プラットフォームを通じた民間参画の促進，地方創生SDGs国際フォーラムを通じた普及展開 ▸「地方創生SDGs金融」を通じた「自律的好循環」の形成に向け，SDGsに取り組む地域事業者等の登録・認証制度等を推進 **強靱なまちづくり** ▸ 防災・減災，国土強靱化の推進，エネルギーインフラ強化やグリーンインフラの推進 ▸質の高いインフラの推進 **循環共生型社会の構築** ▸ 東京オリンピック・パラリンピックに向けた持続可能性の配慮 ▸「大阪ブルー・オーシャン・ビジョン」実現に向けた海洋プラスチックごみ対策の推進。 ▸ 地域循環共生圏づくりの促進。 ▸「パリ協定長期成長戦略」に基づく施策の実施。	**次世代・女性のエンパワーメント** ▸ 働き方改革の着実な実施 ▸ あらゆる分野における女性の活躍推進 ▸ ダイバーシティ・バリアフリーの推進 ▸「次世代のSDGs推進プラットフォーム」の内外での活動を支援。 **「人づくり」の中核としての保健，教育** ▸ 東京オリンピック・パラリンピックを通じたスポーツSDGsの推進。 ▸ 新学習指導要領を踏まえた持続可能な開発のための教育（ESD）の推進。 ▸ユニバーサル・ヘルス・カバレッジ（UHC）推進 ▸ 東京栄養サミット2020の開催，食育の推進。

国際社会への展開	2020年に開催される，京都コングレス（4月），2020年東京オリンピック・パラリンピック競技大会（7月～9月），アジア・太平洋水サミット（10月），東京栄養サミット2020（時期調整中）等の機会も活用し，国際社会に日本のSDGsの取組を共有・展開していく。

出所：SDGs推進本部https://www.mofa.go.jp/mofaj/gaiko/oda/sdgs/pdf/actionplan2020.pdf

(1)　金融庁が公表している「金融行政とＳＤＧｓ」において、「足許、多くの地域金融機関にとって、長期化する低金利環境等の厳しい経営環境の下、持続可能なビジネスモデルの構築に向けた組織的・継続的な取組が必要とされている」、「こうした中、地域金融機関が顧客のニーズを捉えた付加価値の高いサービスを提供することにより、安定した経営基盤を確保する取組（「共通価値の創造」）は重要であり、これは、民間企業も社会的課題解決を担う主体と位置付けるＳＤＧｓの考え方と軌を一にするもの」、「金融庁としては、地域金融機関による事業性評価に基づく融資や本業支援の取組などを引き続き促進」するとしている。よって、正しい。

⑵　ＴＣＦＤは企業等に対し、気候変動関連リスク、および機会に関する一定の項目について開示することを推奨しており、気候変動リスクへの対処の結果として、ＳＤＧｓやパリ協定目標達成に貢献することが可能である。よって、正しい。

⑶　設問の記述だけでなく、金融機関自身も一事業会社としてＳＤＧｓ、温室効果ガス排出抑制の達成責任を負っている。よって、誤り。

⑷　例えばＳＤＧ目標（番号）７の達成に貢献できる。よって正しい。

正解　⑶

◆国内金融当局等の動向①

【出題】

ＳＤＧｓへの対応、ＥＳＧ金融を促す政策や制度に関する次の記述の中で、誤っているものを一つ選びなさい。

⑴　環境省は、「ＥＳＧ地域金融実践ガイド」を作成・公表しＥＳＧ地域金融の普及を推進している。

⑵　環境省は、「グリーンローン及びサステナビリティ・リンク・ローンガイドライン」を作成・公表しグリーンローンの普及を推進している。

⑶　ＥＳＧファイナンス・アワードは、金融機関のＥＳＧ金融に対する優れた取組を表彰するものであり、金融機関以外の企業のＥＳＧに対する取組を表彰するものではない。

⑷　金融庁は、「顧客本位の業務運営を浸透・定着させることにより家計の安定的な資産形成を図り、国民生活の向上に貢献する」、としている。これはＳＤＧ目標（番号）８に資するものである。

▶▶*解説*

⑴は、2020年4月に環境省は、ＥＳＧ地域金融を普及させるため「ＥＳＧ地域金融実践ガイド－ＥＳＧ要素を考慮した事業性評価に基づく融資・本業支援のすすめ－」を公表した。同ガイドでは、ＥＳＧ地域金融の本質を「地域資源・課題を把握し、ＥＳＧ要素に起因する地域や企業への影響（ＥＳＧ機会とリスク）を中長期的に見据え、企業を発掘し、課題・価値や地域のニーズを踏まえた事業性評価を行い、これに基づき融資・本業支援を行うこと」であるとしている。よって、正しい。

⑵は、設問記述のとおりである。よって、正しい。

⑶は、ＥＳＧファイナンス・アワードには表彰部門が5部門（投資家部門、間接金融部門、資金調達者部門、金融サービス部門、環境サステナブル企業部門）あり、金融機関以外の一般企業を対象とした部門もある。よって、誤り。

⑷は、「金融行政とＳＤＧｓ」で示されているとおりである。よって、正しい。

正解 ⑶

◆国内金融当局等の動向②

【出題】

環境省や金融庁は、ＥＳＧ金融を促進するため様々な取組を行っている。環境省や金融庁の取組に関する次の記述の中で、正しいものを一つ選びなさい。

⑴ 金融庁は、ＥＳＧ金融を促進するため各種ガイドラインを作成している。その中で、金融機関向けガイドラインとして「ＥＳＧ地域金融実践ガイドライン」を作成・公表している。

⑵ 金融庁は、「スチュワードシップ・コード」を整備し、企業は、社会・環境問題をはじめとするサステナビリティ（持続可能性）を巡る課題について適切な対応を行うべきである旨を明記した。

⑶ 金融庁は、「コーポレートガバナンス・コード」を整備し、機関投資家が中長期視点から投資先企業の状況を把握する着眼点として、投資先企業の事業における社会・環境問題に関するリスク・収益機会を例示した。

(4)　金融庁は金融機関に対して、「企業の財務、非財務、無形資産（サステナビリティを含む）に基づく多面的事業性評価と顧客との共通価値創造」を通じて、「顧客本位の業務運営」が社会的課題の解決と企業収益の向上を実現し持続性を高めることを要請している。

▶▶***解説***

(1)は、「ＥＳＧ地域金融実践ガイドライン」を作成・公表しているのは環境省である。よって、誤り。

(2)は、「スチュワードシップ・コード」ではなく「コーポレートガバナンス・コード」の説明である。よって、誤り。

(3)は、「コーポレートガバナンス・コード」ではなく「スチュワードシップ・コード」の説明である。よって、誤り。

(4)は、設問記述のとおりである。よって、正しい。

正解　(4)

◆ＳＤＧｓとは

【出題】

ＳＤＧｓの「5つの特徴」に関して記載している次の表の空欄Ａに入る最も適切な語句を一つ選びなさい。

【5つの特徴】

普遍性	先進国を含め、全ての国が行動
（　Ａ　）	人間の安全保障の理念を反映し誰一人取り残さない
参画型	全てのステークホルダーが役割を
統合性	社会・経済・環境に統合的に取り組む
透明性	定期的にフォローアップ

(1)　包括性

(2)　抱擁性

(3) 包含性

(4) 包摂性

▶▶解説

表は下記のとおり。

普遍性	先進国を含め、全ての国が行動
包摂性	人間の安全保障の理念を反映し誰一人取り残さない
参画型	全てのステークホルダーが役割を
統合性	社会・経済・環境に統合的に取り組む
透明性	定期的にフォローアップ

ＳＤＧｓの考え方を理解するためのキーワードが「5つの特徴」と「5つのP」である。

5つの特徴は上表のとおりであり、それぞれの内容は、

・「普遍性」とは、先進国を含め、全ての国が行動すること、である

・「包摂性」とは、誰一人取り残さないというSDGs根幹の理念、である

・「参画型」とは、全てのステークホルダーが役割を担い一丸となって取り組むこと、である

・「統合性」とは、社会・経済・環境にとって有益なこと、である

・「透明性」とは、定期的に取組を共有し助け合うこと、である

すなわち現代に生きる人類が手を取り合って目標を達成することである。

また、5つのPとは、People（人間）、Prosperity（豊かさ）、Peace（平和）、Partnership（パートナーシップ）、Planet（地球）である。これは、ＳＤＧｓの目標・ターゲットに極めて重要な分野を示している。

正解 (4)

◆SDGs「17の目標」と「169のターゲット・指標」①

【出題】

ＳＤＧｓの「17の目標」「169のターゲット」に関する次の記述の中で、正しいものを一つ選びなさい。

(1) サプライチェーンにおける食品ロスの減少をターゲットとしている目標は、「目標2：飢餓をゼロに」である。

(2) 再生可能エネルギーの割合を大幅に拡大させることをターゲットとしている目標は、「目標13：気候変動に具体的な対策を」である。

(3) 2030年までに、各国定義によるあらゆる次元の貧困状態にある、全ての年齢の男性、女性、子供の割合を半減させることをターゲットにしている目標は、「目標3：すべての人に健康と福祉を」である。

(4) 2030年までに、各国の所得下位40％の所得成長率について、国内平均を上回る数値を漸進的に達成し、持続させることをターゲットとしている目標は、「目標10：人や国の不平等をなくそう」である。

▶▶*解説* --

巻末資料参照。

(1)は、目標12（つくる責任、つかう責任）のターゲットである。よって、誤り。

(2)は、目標7（エネルギーをみんなにそしてクリーンに）のターゲットである。よって、誤り。

(3)は、目標1（貧困をなくそう）のターゲットである。よって、誤り。

(4)は、設問記述のとおりである。よって、正しい。

正解 (4)

図表　「17の目標」入る

出所：国際連合広報センター 2030 アジェンダ

◆SDGs「17の目標」と「169のターゲット・指標」②

【出題】

ＳＤＧｓの「17の目標」「169のターゲット」に関する次の記述の中で、最も適切なものを一つ選びなさい。

(1)　ＳＤＧｓの目標７は、「エネルギーをみんなにそしてクリーンに」である。目標７のターゲットには、安価かつ信頼できる現代的エネルギーサービスへの普遍的なアクセスの確保や、再生可能エネルギーの割合増加、エネルギー効率の改善が挙げられている。

(2)　プラスチックごみの削減は、「目標 15：陸の豊かさを守ろう」に貢献する活動である。

(3)　金融機関によるマネーローンダリングに対する取組は、「目標 17：パートナーシップで目標を達成しよう」に貢献する活動である。

(4)　国内の金融機関の能力を強化し、全ての人々の銀行取引、保険及び金融サービスへのアクセスを促進・拡大することは、「目標 11：住み続けられるまちづくりを」に貢献する活動である。

▶▶**解説** --

巻末資料参照。

⑴は、設問記述のとおりである。よって、正しい。

⑵は、プラスチックごみの削減は「目標14：海の豊かさを守ろう」に貢献する活動である。よって、誤り。

⑶は、金融機関によるマネーローンダリングに対する取組は、「目標16：平和と公正をすべての人に」に貢献する活動である。よって、誤り。

⑷は、「目標8:働きがいも経済成長も」に貢献する活動である。よって、誤り。

正解　⑴

◆SDGs「17の目標」と「169のターゲット・指標」③

【出題】

ＳＤＧｓの目標５「ジェンダー平等を実現しよう」に関する次の記述の中で、誤っているものを一つ選びなさい。

⑴　この目標は、成人女性の平等の達成のみを目指している。

⑵　この目標は、女性の政治的・経済的な政策決定プロセスへの平等な参加を確保することをターゲットの一つとしている。

⑶　この目標の指標の一つとして、「管理職に占める女性の割合」がある。

⑷　この目標の指標の一つとして、「議会における女性が占める議席の割合」がある。

▶▶**解説** --

巻末資料参照。

⑴は、ターゲット5.1を「あらゆる場所における全ての女性及び女児に対するあらゆる形態の差別を撤廃する。」としており、成人女性のみではなく未成

年女性（女児）の平等達成を目指している。よって、誤り。

(2)は、ターゲット5.5において「政治、経済、公共分野でのあらゆるレベルの意思決定において、完全かつ効果的な女性の参画及び平等なリーダーシップの機会を確保する。」としている。よって、正しい。

(3)は、上記、ターゲット5.5の指標として「5.5.2 管理職に占める女性の割合」と定められている。よって、正しい。

(4)は、上記同様、指標5.5.1で設問のとおり定められている。よって、正しい。

正解　(1)

◆SDGs「17の目標」と「169のターゲット・指標」④

【出題】

ＳＤＧｓの目標12「つくる責任、つかう責任」に関する次の記述の中で、正しいものを一つ選びなさい。

(1)　持続可能な消費と生産のパターンの確保は、個々の経済主体が個別に行うことで効果的に実現される。

(2)　食品ロスの削減は、この目標の達成に貢献する。

(3)　省エネの推進は、この目標の達成に貢献しない。

(4)　リサイクルの推進は、この目標の達成に貢献しない。

▶▶*解説* --

巻末資料参照。

(1)は、持続可能な消費と生産は、「より少ないもので、より大きな、より良い成果を上げる」ことを目指すものである。ライフサイクル全体を通じて生活の質を改善する一方、資源利用を減らし、地球の劣化を緩和し、汚染を少なくすることで、経済活動から得られる利益を増やす。また、生産者から最終消費者に至るまで、サプライチェーンにおける体系的なアプローチとアクター間の協力が必要となる。個別で行うことで効果的に実現するという記述は不適切。よって、誤り。

(2)は、ターゲット12.3においても「2030年までに小売・消費レベルにおける世界全体の一人当たりの食料の廃棄を半減させ、収穫後損失などの生産・サプライチェーンにおける食品ロスを減少させる。」と示されている。よって、正しい。

(3)は、ターゲット12.2において「2030年までに天然資源の持続可能な管理及び効率的な利用を達成する。」とされており、省エネの推進は、この目標の達成に貢献する。よって、誤り。

(4)は、ターゲット12.5において「2030年までに、廃棄物の発生防止、削減、再生利用及び再利用により、廃棄物の発生を大幅に削減する。」とされており、リサイクルの推進はこの目標達成に貢献する。よって、誤り。

正解 (2)

◆SDGs「17の目標」と「169のターゲット・指標」⑤

【出題】

ＥＳＧのうちSocial（社会）に関連する目標の一つとしてＳＤＧｓ目標８「働きがいも経済成長も」がある。ＳＤＧｓ目標８に関する次の記述の中で、正しいものを一つ選びなさい。

(1) 目標８のターゲットには、児童労働問題や人身売買の撲滅は含まれていない。

(2) 目標８のターゲットには、保険及び金融サービスへのアクセス促進、拡大が含まれている。

(3) 目標８の指標のひとつとして、ＧＮＰ年間成長率がある。

(4) 銀行や他の金融機関に口座を持つ、またはモバイルマネーサービスを利用する成人（15歳以上）の割合は目標８の指標とはされていない。

▶▶*解説* --

巻末資料参照。

(1)は、「児童労働の禁止や人身売買の撲滅」は、目標８のターゲットの一つである。よって、誤り。
⑵は、設問記述のとおりである。よって、正しい。
⑶は、「ＧＮＰ年間成長率」ではなく「ＧＤＰ年間成長率」である。よって、誤り。
⑷は、指標 8.10.2 において「銀行や他の金融機関に口座を持つ、又はモバイルマネーサービスを利用する成人（15 歳以上）の割合」が定められている。よって、誤り。

正解　⑵

◆課題解決のためのアプローチ手法「バックキャスティング」

【出題】

ＳＤＧｓとＭＤＧｓでは２つの異なるアプローチ手法を採用している。その２つの手法であるバックキャスティングとフォアキャスティングに関する次の記述の中で、誤っているものを一つ選びなさい。

⑴　バックキャスティングとは、目標とする未来の状態を定義し、定義した未来から遡って現在までの道筋を考える思考である。

⑵　フォアキャスティングとは、現状分析、過去の事実（統計、実績、経験）などをもとに現在から将来像を定義する思考である。

⑶　バックキャスティングとフォアキャスティングを比較すると、現在の延長線上では解決できない課題にアプローチする時は、フォアキャスティングの方が適していると言われている。

⑷　課題の内容や状況・特性にしたがって、アプローチ手法を適宜選択することが望ましいとされている。

第1章

▶▶解説

図表　ＭＤＧｓとＳＤＧｓ比較

MDGs	項目	SDGs
2001 年	策定年	2015 年
2015 年	達成期限	2030 年
2015 年までに世界の貧困を半減にする	基本理念	誰一人取り残さない
8 つの目標と 21 のターゲット	目標数	17 の目標と 169 のターゲット
主に開発途上国が抱える問題	対応すべき課題	先進国を含む世界全体が抱える課題
国連、各国政府、NGO 等	取組主体	あらゆるステークホルダー
年間約 400 億～ 600 億ドル	資金需要	年間約 5 兆～ 7 兆ドル（開発途上国のみは、年間約 3.3 ～ 4.5 兆ドル）
国際機関、先進国	資金源	国際機関、先進国、開発途上国、民間セクター
財政、寄付	資金供給方法	財政、寄付、投資、融資
フォアキャスティング	求められるアプローチ手法	バックキャスティング

出所：2019 年 3 月金融調査研究会「SDGsに金融はどう向き合うか」をもとに作成

バックキャスティング（Backcasting）とは、目標とする未来の状態を定義し、定義された未来から遡って現在までの道筋を考える思考法である。既存の方法では解決できない問題に対して新たな解決策を考える際に効果を発揮する。また目指すゴールが明確であるため到達するまでの道筋をブレずに描きやすい特徴がある。

バックキャスティングの対義語となるのがＭＤＧｓで採用されたフォアキャスティング（Forecasting）である。フォアキャスティングは、現状分析、過去の事実（統計、実績、経験）などをもとに現在から将来像を定義する方法である。ＭＤＧｓはその基本理念を「2015 年までに世界の貧困を半減にする」とし、主に開発途上国が抱える問題解決を図るものであったため、現状を踏まえた計画作りを優先しアプローチ手法にフォアキャスティングを採用したと類推される。

このようにアプローチ手法はその課題の性質に従って活用する必要がある。ＳＤＧｓだからバックキャスティング手法を採用しなければならないという硬直的なアプローチではなく、状況に応じてアプローチ手法を選択することが重要である。これは実際の業務にあたり、自社または顧客の支援をするとき重要である。

(1) 設問記述のとおり。よって、正しい。

(2) 設問記述のとおり。よって、正しい。

(3) 設問のケースではバックキャスティングの方が適している。よって、誤り。

(4) 設問記述のとおり。よって、正しい。

正解 (3)

◆課題解決のための5つのステップ「SDGコンパス」①

【出題】

「ＳＤＧコンパス」における「5つのステップ」に関する次の記述の中で、誤っているものを一つ選びなさい。

(1) ステップ1「ＳＤＧｓを理解する」とは、ＳＤＧｓと事業の関連性の理解と企業の社会的責任の再認識を含んでいる。

(2) ステップ3「目標を設定する」では、目標設定後コミットメントを公表することが推奨されている。

(3) ステップ4「経営へ統合する」では、事業パートナーにも目標達成に向け協力を働きかけることが推奨されている。

(4) ステップ5「報告とコミュニケーションを行う」では、効果的な報告とコミュニケーションを行うには、データにとらわれない皮膚感覚の報告が必要となる。

▶▶*解説* --

ＳＤＧコンパスは、2016年3月にＧＲＩ（Global Reporting Initiative）、国連グローバル・コンパクト（ＵＮＧＣ）、持続可能な開発のための世界経済人会議（ＷＢＣＳＤ）が共同で作成した企業向けＳＤＧｓガイドラインである。ＳＤＧコンパスはその副題を「ＳＤＧｓの企業行動指針～ＳＤＧｓを企業はどう活用するか～」としている。副題からもわかるようにＳＤＧｓを活用して企業価値を高めることを目指している。

⑴は、ステップ１における実施事項は３つである。ＳＤＧｓそのものの理解、ＳＤＧｓと事業の関連性の理解、そして企業の社会的責任の再認識である。よって、正しい。

⑵は、ステップ３においては、具体的かつ計測可能で期限付きの持続可能な目標を設定することが重要である。また、目標を設定したらそれを公表し、その後定期的に取組の内容、達成状況、課題等について公表する必要がある。これによりステークホルダーが関心をもちアウトサイド・イン・アプローチで設定した意欲度の高い目標も達成可能性が高まることとなる。よって、正しい。

⑶は、ＳＤＧｓは企業単独では効果的に推進することは難しい。またＳＤＧｓは人類共通の目標でありパートナーを結集させる力を持っている。この力を最大限に発揮させるには関係者の強いコミットメントが必要となる。強いパートナーシップを構築するために共通の目標を設定し、それぞれのコア・コンピタンスの活用と明確なガバナンス体制の構築、モニタリング体制の構築等が必要となる。よって、正しい。

⑷は効果的な報告とコミュニケーションを行うには、データに裏打ちされた報告が必要となる。即ち、利用しやすく、比較が容易で、リアルタイムで入手可能で、広く認識されているデータとの比較に基づく報告である。よって、誤り。

正解　⑷

図表　SDGコンパス５つのステップ

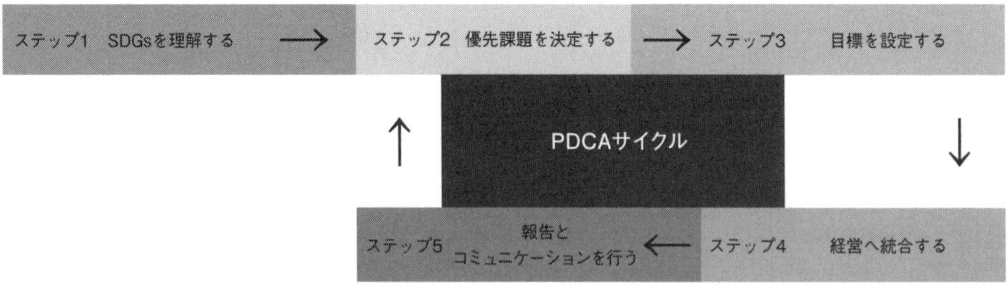

出所：SDGコンパスをもとに作成

◆課題解決のための５つのステップ「SDGコンパス」②

【出題】

ＳＤＧコンパスにおける「ステップ２　優先課題を決定する」に関する次の記述の中で、正しいものを一つ選びなさい。

⑴　このステップで実施する事項の一つとして、自社事業のサプライチェーンをマッピングしＳＤＧｓの影響領域を俯瞰することがある。

⑵　自社バリューチェーンにおける影響が大きい領域を分析・特定する手法の一つとして、ライフサイクル・アセスメント（ＬＣＡ）方法論がある。

⑶　事業活動がＳＤＧｓに与える影響を測定する指標は個別に作る必要がある。

⑷　優先課題の決定をするステップ２は、ＳＤＧｓに対する取組を開始する時に、１回だけ実施すべきである。

▶▶*解説* --

⑴は、優先課題は、各企業の事業内容等によって異なる。顧客支援を実施する際は顧客の実情に応じた支援が必要となる。ＳＤＧコンパスでは以下の３つの実施事項の実施が企業の優先課題を決定する上で有用としている。

①バリューチェーンをマッピングし、影響領域を特定する
②指標を選択し、データを収集する
③優先課題を決定する

サプライチェーンではなくバリューチェーンである。よって、誤り。

⑵は、特定する手法としては、ライフサイクル・アセスメント（ＬＣＡ）方法論、環境を含めたインプット/アウトプット（ＥＥＩＯ）モデルなどがある。よって、正しい。

⑶は、ＳＤＧコンパスのウェブサイト（https://sdgcompass.org/businessindicators/）に1,533の指標が一覧形式で掲載されているので、これを活用することで、個別に指標を作成しなくとも取り組むことは可能である。よって、誤り。

⑷は、事業環境の変化に応じた見直しをする必要があるので年１回程度ステップ２を実施することが重要である。よって、誤り。

正解 ⑵

◆課題解決のための５つのステップ「SDGコンパス」③

【出題】

ＳＤＧコンパスにおける「ステップ３　目標を設定する」に関する次の記述の中で、誤っているものを一つ選びなさい。

⑴ 「ステップ３　目標を設定する」の実施事項は、「1. 目標範囲を設定し、ＫＰＩを選択する　2. ベースラインを設定し、目標タイプを選択する　3. 意欲度を設定する」の３項目である。

⑵ 意欲度の高い目標を設定するアプローチとして「アウトサイド・イン」という手法がある。

⑶ アウトサイド・イン・アプローチは、バックキャスティングの視点に基づき外部（世界的な視点）から目標を設定する。

⑷ インサイド・アウト・アプローチは、過去や現状をベースに将来を予測し、目標（意欲度）を設定する。

▶▶***解説*** --

⑴は、ステップ３の実施事項は以下のとおり。

【実施事項】

①目標範囲を設定し、KPIを選択する

②ベースラインを設定し、目標タイプを選択する

③意欲度を設定する

④ＳＤＧｓへのコミットメントを公表する

実施事項は４つで、選択肢では「ＳＤＧｓへのコミットメントを公表する」が欠けている。よって、誤り。

⑵～⑷は、意欲度の高い目標を設定するアプローチとして「アウトサイド・

イン」という手法を取り入れている業界のリーディングカンパニーが増えている。このアプローチと対をなすアプローチが「インサイド・アウト」である。インサイド・アウト・アプローチは、過去・現状をベースに将来を予測し意欲度を決定する。いわゆるフォアキャスティングの視点に基づいたものである。

一方、アウトサイド・イン・アプローチは、バックキャスティングの視点に基づき外部（世界的な視点）から意欲的な目標を設定するものである。ＳＤＧｓを意欲的に取り組むためにはアウトサイド・イン・アプローチによる目標設定が欠かせない。よって、いずれも正しい。

正解　(1)

図表　目標設定アプローチ

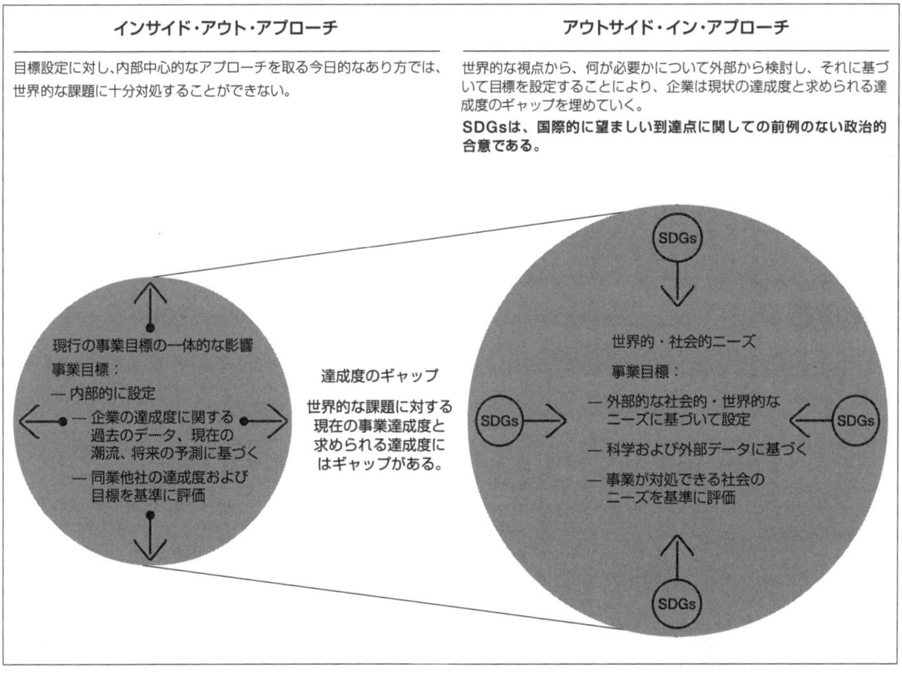

出所：SDGコンパス

◆SDG INDUSTRY MATRIXの活用

【出題】

「ＳＤＧ　ＩＮＤＵＳＴＲＹ　ＭＡＴＲＩＸ」に関する次の記述の中で、正しいものを一つ選びなさい。

⑴ 「ＳＤＧ　ＩＮＤＵＳＴＲＹ ＭＡＴＲＩＸ」を利用する場合、これには「ＳＤＧコンパス」の内容も含んでいるので「ＳＤＧコンパス」を利用する必要はない。

⑵ 「ＳＤＧ　ＩＮＤＵＳＴＲＹ ＭＡＴＲＩＸ」には、金融サービスに関する指針は含まれていない。

⑶ 「ＳＤＧ　ＩＮＤＵＳＴＲＹ ＭＡＴＲＩＸ」は、「共有価値創出の機会」「グッドプラクティス原則・基準およびツール」「マルチステークホルダーのパートナーシップおよび協働」から構成されており、具体的な事例の掲載はない。

⑷ 「ＳＤＧ　ＩＮＤＵＳＴＲＹ ＭＡＴＲＩＸ」は、目標設定時に選択すべき指標を決定する際に有効な文献である。

▶▶*解説* --

ＳＤＧ　ＩＮＤＵＳＴＲＹ ＭＡＴＲＩＸとＳＤＧコンパスは補完的な関係にある。

図表　SDGコンパスとSDG INDUSTRY MATRIXの関係

共通指針	6業種・1課題別指針	
SDGコンパス 5つのステップ	SDG INDUSTRY MATRIX	【業種別】 食品・飲料・消費財 製造業 金融サービス エネルギー・天然資源・化学産業 ヘルスケア・ライフサイエンス 運輸・輸送機器 【課題別＞業種別】 気候変動対策

ＳＤＧコンパスが共通指針であるのに対して、ＳＤＧ ＩＮＤＵＳＴＲＹ ＭＡＴＲＩＸは業種別あるいは課題別業種別指針である。ＳＤＧ ＩＮＤＵＳＴＲＹ ＭＡＴＲＩＸは、企業がステークホルダーに対して価値を創造するための機会について、産業固有の取組アイデアや実例をゴール毎に説明をしている。作成は、国連グローバル・コンパクトとＫＰＭＧが共同で行っている（http://ungcjn.org/activities/topics/detail.php?id=204）。

ＳＤＧ ＩＮＤＵＳＴＲＹ ＭＡＴＲＩＸ の構成は、「共有価値創出の機会」、「グッドプラクティス原則・基準およびツール」、「マルチステークホルダーのパートナーシップおよび協働」、「ゴール毎の事例」となっている。ＳＤＧコンパスで選択すべき指標等を決定するのに悩んだ時等にＳＤＧ ＩＮＤＵＳＴＲＹ ＭＡＴＲＩＸ を参照することで悩みが解決する可能性がある。

(1)は、上記のとおり、「ＳＤＧ ＩＮＤＵＳＴＲＹ ＭＡＴＲＩＸ」と「ＳＤＧコンパス」は補完的関係にあるので両方を使うことが推奨されている。よって、誤り。

(2)は、図表に示したとおり、「ＳＤＧ ＩＮＤＵＳＴＲＹ ＭＡＴＲＩＸ」には、金融サービスに関する指針も含まれている。よって、誤り。

(3)は、上記のとおり、「ＳＤＧ ＩＮＤＵＳＴＲＹ ＭＡＴＲＩＸ」には、ゴール毎の事例が記載されている。よって、誤り。

(4)は、ＳＤＧコンパスで選択すべき指標等を決定するのに悩んだ時等に有効である。よって、正しい。

正解 (4)

◆SDGs取組に有益なガイドライン等の情報①

【出題】

ＳＤＧｓの取組において「人権」は重要なテーマのひとつである。「人権」に関する次の記述の中で、誤っているものを一つ選びなさい。

(1) 国連グローバル・コンパクト（ＵＮＧＣ）の「10の原則」は、人権、労働、腐敗防止の３つのカテゴリから構成されている。

(2) 国連ビジネス人権に関する指導原則は、「国家の義務」「企業の責任」「救済へのアクセス」の３つの柱から構成されている。
(3) 国連ビジネス人権に関する指導原則は、企業に対して「人権方針の策定」を求めている。
(4) 国連ビジネス人権に関する指導原則は、企業に対して「人権デュー・ディリジェンスの実施」を求めている。

▶▶***解説***

(1)は、ＵＮＧＣに署名する企業・団体は、人権の保護、不当な労働の排除、環境への対応そして腐敗の防止に関わる「10の原則」（図表）にコミットメントが必要となる。

図表　UNGC「10の原則」

国連グローバル・コンパクトの10原則

人権		原則1：人権擁護の支持と尊重 原則2：人権侵害への非加担
労働		原則3：結社の自由と団体交渉権の承認 原則4：強制労働の排除 原則5：児童労働の実効的な廃止 原則6：雇用と職業の差別撤廃
環境		原則7：環境問題の予防的アプローチ 原則8：環境に対する責任のイニシアティブ 原則9：環境にやさしい技術の開発と普及
腐敗防止		原則10：強要や贈収賄を含むあらゆる形態の腐敗防止の取組

出所：UNGC Webサイト

図のとおり、国連グローバル・コンパクト（ＵＮＧＣ）の「10の原則」は、人権、労働、環境、腐敗防止の４つのカテゴリから構成されている。よって、誤り。
(2)は、国連ビジネス人権に関する指導原則は、2011年国連の人権理事会で、全会一致で支持された文書。「人権を保護する国家の義務＝第一の柱」「人権を尊重する企業の責任＝第二の柱」「救済へのアクセス＝第三の柱」の３つの柱から構成されている。よって、正しい。

(3)、(4)は、第二の柱において、企業に求められている。詳細は、下表のとおり。従って設問記述のとおりである。よって、正しい。

正解　(1)

図表　ビジネスと人権に関する指導原則（企業に求められていること）

1	人権方針の策定	指導原則 16	・企業の経営トップが承認していること ・社の内外から専門的な助言を得ていること ・従業員、取引先及び、製品やサービス等に直接関与する関係者に対する人権配慮への期待を明記すること ・一般公開され、全ての従業員や、取引先、出資者、その他関係者に向けて周知されていること ・企業全体の事業方針や手続に反映されていること
2	人権デュー・ディリジェンスの実施	指導原則 17 ～ 21	・人権への悪影響の特定（指導原則 18） ・人権に関する悪影響の予防、軽減（指導原則 19） ・対応の実効性の追跡調査（指導原則 20） ・情報発信と外部とのコミュニケーション（指導原則 21）
3	救済メカニズムの構築	指導原則 22、29、30	苦情処理メカニズムの実効性基準 ・正当性、利用可能性、予測可能性、公平性、透明性、権利適合性、持続的な学習源、ステークホルダーとのエンゲージメントと対話

出所：外務省「ビジネスと人権とは？」をもとに作成

◆SDGs取組に有益なガイドライン等の情報②

【出題】

ＳＤＧｓの取組に有益なガイドライン等に関する次の記述の中で、誤っているものを一つ選びなさい。

(1)　国連グローバル・コンパクト（ＵＮＧＣ）に参加を希望する企業・団体は「10の原則」にコミットメントする必要がある。

(2)　ＧＲＩサステナビリティ報告ガイドラインは共通スタンダードと項目別スタンダードから構成され、報告要求事項が記載されている。

(3)　国際労働機関（ＩＬＯ）三者宣言は、多国籍企業及び社会政策に関する原則の三者宣言（多国籍企業宣言）であり、社会政策と包摂的で責任ある持続可能なビジネス慣行に関して、企業に直接の指針を示した文書である。

(4)　ＩＳＯ 26000においては、持続的な発展への貢献を達成するために、組織が念頭に置くべき「７つの原則」を定義しているが、これは「組織の行動様式」にかかわる４つの原則と「法規範の尊重」に関する３つの原則から成り立っている。

▶▶**解説**

(1)は、UNGCに署名する企業・団体は、人権の保護、不当な労働の排除、環境への対応そして腐敗の防止に関わる「10の原則」にコミットメントが必要となる。よって、正しい。

(2)は、ＧＲＩサステナビリティ報告ガイドラインは、組織が経済、環境、社会に与える影響を一般に報告する際の、グローバルレベルにおけるベストプラクティスを提示するための基準である。共通スタンダード、項目別スタンダードから構成されており、当ガイドラインはＳＤＧコンパスステップ５（報告とコミュニケーションを行う）に有効である。よって、正しい。

(3)　設問記述のとおりである。よって、正しい。

(4)は、国際標準化機構ＩＳＯ 26000は、ＩＳＯが中心となり、国連、ＩＬＯ（国際労働機関）、各国政府、産業界、ＮＧＯ／ＮＰＯなど多様な立場の人が関わり作り上げた「ＳＲ（Social Responsibility：社会的責任）」に関する規格。ＩＳＯ 26000は、社会的責任を自身の組織文化に取り入れていくための「ガイダンス規格」であり、認証を行うための規格ではない。ISO26000は、持続可能な発展への貢献を達成するために、組織が念頭におくべき「7つの原則」を定義している（図表）。これは「組織の行動様式」と「法規範の尊重」に関するそれぞれ３つの原則と「ステークホルダーとの関係」に関する１つの原則から成り立っている。よって、誤り。

正解　(4)

図表　ISO26000　7つの原則

組織の行動様式に係る３原則	1	説明責任の原則
	2	透明性
	3	倫理的な行動
ステークホルダーとの関係に係る原則	4	ステークホルダーの利害の尊重
法規範の尊重に関する３原則	5	法の支配の尊重
	6	国際行動規範の尊重
	7	人権の尊重

出所：経団連Webサイト掲載情報をもとに作成

◆日本におけるSDGsに対する取組①

【出題】

「ＳＤＧｓ実施指針」における主なステークホルダーの役割に関する次の記述の中で、誤っているものを一つ選びなさい。

(1)　ビジネス（民間企業）の役割として、地球環境問題への取組、人権の尊重等が挙げられている。

(2)　ファイナンスの役割として、資金の有効な活用・動員、デジタル金融の普及、ＴＣＦＤの普及等が挙げられている。

(3)　地方自治体の役割として、ＳＤＧｓ達成に向けた取組の加速、各地域の多様な優良事例の発信等が挙げられている。

(4)　消費者の役割として、ＳＤＧｓに対する主体的な取組等を挙げている。

▶▶*解説* --

ＳＤＧｓ実施指針

2016年12月、今後の日本の取組の指針となる「ＳＤＧｓ実施指針」を決定した。2019年12月の第8回推進本部会合で、2016年の策定以降初めて「ＳＤＧｓ実施指針」を改定され、その後2023年12月に一部改定された。

①位置づけ

ＳＤＧｓ実施指針は、日本が2030アジェンダを実施し、2030年までに日本の国内外においてＳＤＧｓを達成するための中長期的な国家戦略として位置づけられている。

②ビジョンと優先課題

（ビジョン）

・日本の持続可能性は世界の持続可能性と密接不可分であることを前提とし、国内実施、国際協力の両面において、誰一人取り残されることのない持続可能な世界に変革することを目指す

・SDGsは経済・社会・環境の三側面を含むものであり、これらの相互関連性を意識して取組を推進

（日本の８つの優先課題と５つのＰとの関係）

（People 人間）

1　あらゆる人々が活躍する社会の実現・ジェンダー平等の実現

2　健康・長寿の達成

（Prosperity 繁栄）

3　成長市場の創出、地域活性化、科学技術イノベーション

4　持続可能で強靱な国土と質の高いインフラの整備

（Planet 地球）

5　省・再生可能エネルギー、防災・気候変動対策、循環型社会

6　生物多様性、森林、海洋等の環境の保全

（Peace 平和）

7　平和と安全・安心社会の実現

（Partnership パートナーシップ）

8　ＳＤＧｓ実施推進の体制と手段

（実施のための主要原則）

普遍性、包摂性、参画型、統合性、透明性と説明責任、の５原則を重視

(1)(3)(4)は、ステークホルダーの役割として設問記述のとおりに記載されている。よって、正しい。

(2)は、「デジタル金融」ではなく「ＥＳＧ金融」である。よって、誤り。

正解　(2)

◆日本におけるSDGsに対する取組②

【出題】

日本政府は2020年12月に「ＳＤＧｓアクションプラン」を改訂し、「ＳＤＧｓアクションプラン2021」を公表した。「ＳＤＧｓアクションプラン2021」が示した重点事項に関する次の記述中の空欄①～④に当てはまる語句の組合せとして、正しいものを一つ選びなさい。

重点事項
Ⅰ．感染症対策と次なる危機への備え
Ⅱ．よりよい復興に向けたビジネスと（　①　）を通じた成長戦略
Ⅲ．ＳＤＧｓを原動力とした地方創生、経済と環境の（　②　）の創出
Ⅳ．一人ひとりの可能性の発揮と絆の強化を通じた（　③　）

(1)	①リレーションシップ	②融和	③連帯の精神
(2)	①イノベーション	②好循環	③行動の加速
(3)	①リレーションシップ	②リーダー	③対話の実効
(4)	①イノベーション	②再生	③チームワークの創出

▶▶解説 --

ＳＤＧｓアクションプラン2021は、重点事項として
「Ⅰ．感染症対策と次なる危機への備え」
「Ⅱ．よりよい復興に向けたビジネスとイノベーションを通じた成長戦略」
「Ⅲ．SDGsを原動力とした地方創生、経済と環境の好循環の創出」
「Ⅳ．一人ひとりの可能性の発揮と絆の強化を通じた行動の加速」
を挙げている。

よって(2)が正しい。

正解　(2)

図表　アクションプラン 2021 の重点事項

Ⅰ．感染症対策と次なる危機への備え

- ▶感染症対応能力を強化するため、治療・ワクチン・診断の開発・製造・普及を包括的に支援し、これらへの公平なアクセスを確保する。
- ▶次なる危機に備え、強靭かつ包摂的な保健システムを構築し、ユニバーサル・ヘルス・カバレッジ（UHC）の達成に向けた取組を推進する。国内では、PCR検査・抗原検査等の戦略的・計画的な体制構築や保健所の機能強化など、国民の命を守るための体制確保を進める。
- ▶栄養、水、衛生等、分野横断的取組を通じて感染症に強い環境整備を進める。東京栄養サミットの開催を通じて世界的な栄養改善に向けた取組を推進し、国内では食育や栄養政策を推進する。

Ⅱ．よりよい復興に向けたビジネスとイノベーションを通じた成長戦略

- ▶Society5.0の実現を目指してきた従来の取組を更に進めると共に、デジタルトランスフォーメーションを推進し、誰もがデジタル化の恩恵を受けられる体制を整備し、「新たな日常」の定着・加速に取り組む。
- ▶ESG投資の推進も通じ、企業経営へのSDGs取り込みを促進すると共に、テレワークなどの働き方改革を通じてディーセントワークの実現を促進し、ワーク・ライフ・バランスの実現等を通じ、個人が輝き、誰もがどこでも豊かさを実感できる社会を目指す。
- ▶バイオ戦略やスマート農林水産業の推進など、科学技術イノベーション（STI）を加速化し、社会課題の解決を通じてSDGsの達成を促進すると共に、生産性向上を通じた経済成長を実現し、持続可能な循環型社会を推進する。

Ⅲ．SDGsを原動力とした地方創生、経済と環境の好循環の創出

- ▶2050年までに温室効果ガス排出を実質ゼロとする「カーボンニュートラル」への挑戦も通じ、世界のグリーン産業を牽引し、経済と環境の好循環を作り出していくとともに、防災・減災、国土強靭化、質の高いインフラの推進を継続する。
- ▶「大阪ブルー・オーシャン・ビジョン」実現に向けた海洋プラスチックごみ対策などを通じ、海洋・海洋資源を保全し、持続可能な形で利用する。
- ▶SDGs未来都市、地方創生SDGs官民連携プラットフォーム、地方創生SDGs金融等を通じ、SDGsを原動力とした地方創生を推進する。

Ⅳ．一人ひとりの可能性の発揮と絆の強化を通じた行動の加速

- ▶あらゆる分野における女性の参画、ダイバーシティ、バリアフリーを推進すると共に、人への投資を行い、十分なセーフティネットが提供される中で、全ての人が能力を伸ばし発揮でき、誰ひとり取り残されることなく生きがいを感じることのできる包摂的な社会を目指す。
- ▶子供の貧困対策や教育のデジタル・リモート化を進めると共に、持続可能な開発のための教育（ESD）を推進し、次世代へのSDGs浸透を図る。
- ▶京都コングレスや東京オリンピック・パラリンピック等の機会を活用して法の支配やスポーツSDGsを推進すると共に、地球規模の課題に関して、国際協調・連帯の構築・強化を主導し、国際社会から信用と尊敬を集め、不可欠とされる国を目指す。

出所：SDGs推進本部SDGsアクションプラン 2021

◆気候変動問題①

【出題】

気候変動問題は、人類にとって喫緊かつ最重要な課題である。「気候変動問題」に関する次の記述の中で、誤っているものを一つ選びなさい。

(1) 「地球温暖化」とは、人の活動に伴って発生する温室効果ガスが大気中の温室効果ガスの濃度を増加させることにより、地球全体として、地表、大気及び海水の温度が追加的に上昇する現象をいう。

(2) 気候変動に関する国際連合枠組条約（United Nations Framework Conventionon Climate Change（略称：ＵＮＦＣＣＣ））の究極の目的は「大気中の温室効果ガス濃度の安定化」である。

(3) ＮＤＣ（自国が決定する貢献）に記載された削減率のみを見れば、各国のパリ協定に対する積極性を評価することができる。

(4) パリ協定は、各締約国が自発的に目標を提出しレビューを受けることが義務付けされているが、提出した目標の達成については法的拘束力がない。

▶▶*解説* --

(1)は、地球温暖化対策の推進に関する法律第２条第１項では、「地球温暖化」とは、「人の活動に伴って発生する温室効果ガスが大気中の温室効果ガスの濃度を増加させることにより、地球全体として、地表、大気及び海水の温度が追加的に上昇する現象をいう」としている。よって、正しい。

(2)は、気候変動に関する国際連合枠組条約（United Nations Framework Conventionon Climate Change（略称：ＵＮＦＣＣＣ））は、1992年に採択され、1994年に発効している。日本は1993年に締結を行っている。ＵＮＦＣＣＣには全国連加盟国197カ国・地域が締結し参加している。ＵＮＦＣＣＣの究極の目的は「大気中の温室効果ガス濃度の安定化」である。全締約国の義務として、温室効果ガス削減計画の策定と実施、排出量の実績公表がある。よって、正しい。

(3)は、基準年における各国の経済活動の状況、技術水準等が異なることから削減率のみでその国のパリ協定に対する積極性を評価することはできない。よって、誤りである。

(4)は、設問記述のとおりである。よって、正しい。

正解 (3)

◆気候変動問題②

【出題】

気候変動問題は一朝一夕に解決できる問題ではなく、長期戦略のもと計画的に課題解決を図る必要がある。日本の長期戦略に関する次の記述の中で、正しいものを一つ選びなさい。

(1) 2020年10月26日第203回臨時国会において、当時の菅総理より「2030年カーボンニュートラル、脱炭素社会の実現を目指す」ことが宣言され、日本の長期戦略が見直された。

(2) 2021年10月に「第6次エネルギー基本計画」が閣議決定され、2030年度における2013年比86%削減に向けたエネルギー戦略が示された。

(3) 2021年10月に閣議決定された「パリ協定に基づく成長戦略としての長期戦略」では、ビジョンとして、「地球温暖化対策は経済成長の制約ではなく、積極的に地球温暖化対策を行うことで産業構造や経済社会の変革をもたらし大きな成長につなげるという考えの下、一定の期限までに温室効果ガスの排出を全体としてゼロにする。」としている。

(4) 「第6次エネルギー基本計画」の基本方針として、「生産性を前提とした上で、エネルギーの安定供給を第一とし、経済効率性の向上による低コストでのエネルギー供給を実現し、同時に、環境への適合を図るSociety4.0の実現のため、最大限の取組を行うこと」が示されている。

▶▶*解説*

(1)は、2050年までに温室効果ガスの排出を全体としてゼロにする脱炭素社会・カーボンニュートラルの実現を目指すとしている。よって、誤り。

(2)は、2021年10月22日に「第6次エネルギー基本計画」が閣議決定され、2030年度における2013年比46%削減に向けたエネルギー戦略が示された。よって、誤り。

(3)は、「地球温暖化対策は経済成長の制約ではなく、積極的に地球温暖化対策を行うことで産業構造や経済社会の変革をもたらし大きな成長につなげるという考えの下、2050年までに温室効果ガスの排出を全体としてゼロにする。」としている。よって、正しい。

(4)は、「第6次エネルギー基本計画」が閣議決定され、2030年度における2013年比46%削減に向けたエネルギー戦略が示された。その基本方針として、「安全性を前提とした上で、エネルギーの安定供給を第一とし、経済効率性の向上による低コストでのエネルギー供給を実現し、同時に、環境への適合を図るS＋3Eの実現のため、最大限の取組を行うこと」としている。よって、誤り。

正解 (3)

◆気候変動問題③

【出題】

温室効果ガス削減の枠組みであるパリ協定等に関する次の記述の中で、正しいものを一つ選びなさい。

(1) パリ協定では、5年毎に世界全体としての実施状況を検討する（グローバル・ストックテイク）を実施し、各国の行動及び支援に反映させることとしている。

(2) ＩＮＤＣ（自国が決定する貢献）とは、パリ協定を締結後に各国が示した温室効果ガス削減目標である。

(3) 日本は2021年10月に提出した「自国が決定する貢献」において2030年において2013年比26%の削減という目標を設定した。

(4) 自国が決定する貢献の削減率を見れば、各国の温室効果ガス削減意欲を比較することができる。

▶▶解説

2015年12月、フランスのパリで開催された第21回国連気候変動枠組条約締約国会議（ＣＯＰ21）において、2020年以降の温室効果ガス排出削減等のための新たな国際枠組みとして、パリ協定が採択された。この合意により、「全ての国による取組」が実現した。しかしながら、世界2位の温室効果ガス排出国であるアメリカは、2019年11月4日に離脱表明をしたが、バイデン大統領が就任直後の2021年1月20日にパリ協定への復帰を決定し国連に通知、パリ協定の規定に基づき通知から30日経過後の2月19日に正式に復帰した。

図表　パリ協定概要

		キーワード
目的	世界共通の長期目標として、産業革命前からの平均気温の上昇を2℃より十分下方に保持する。 1.5℃に抑える努力を追求する。	1.5℃
目標	目的を達成するため、今世紀後半に温室効果ガスの人為的な排出と吸収のバランスを達成できるよう、排出ピークをできるだけ早期に迎え、最新の科学に従って急激に削減する。	排出と吸収の均衡
各国の目標	各国は、約束（削減目標）を作成、提出、維持する。削減目標の目的を達成するための国内対策を実施する。削減目標は、5年毎に提出・更新し、従来より前進を示す。	5年毎の見直し
長期戦略	全ての国が長期の低排出開発戦略を策定・提出するよう努力すべきである。（COP決定で、2020年までの提出を要請）	長期低排出開発戦略
グローバル・ストックテイク（世界全体で棚卸し）	5年毎に全体進捗を評価するため、協定の実施を定期的に確認する。世界全体の実施状況の確認結果は、各国の行動及び支援を更新する際の情報となる。	定期報告と情報共有
資金	先進国による資金の提供に加え、途上国も自主的に資金を提供すること。	皆で資金供給
市場	二国間クレジット制度（JCM）を含めた市場メカニズムの活用	市場メカニズム

出所：環境省気候変動国際交渉関連資料、外務省気候変動「2020年以降の枠組み：パリ協定」をもとに作成

⑴は、設問のとおりである（上記図表参照）。よって、正しい。

⑵は、次頁図に示したとおり、ＩＮＤＣではなくＮＤＣである。「自国が決定する貢献（Nationally Determined Contribution：ＮＤＣ）」は、各国のパリ協定締結後の目標である。ＩＮＤＣ（intended Nationally Determined Contribution）は自国が決定する貢献案である。よって、誤り。

⑶は、日本が2021年10月22日に提出した「自国が決定する貢献」では、

図表　パリ協定におけるPDCAサイクル

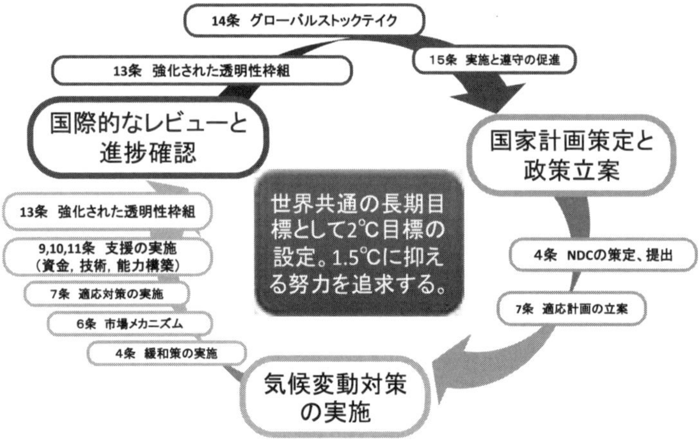

出所：環境省気候変動の国際交渉｜関連資料「パリ協定に関する基礎資料」

2030年において2013年比46％の削減、2050年までにネットゼロを達成としている。よって、誤り。

⑷は、削減率の基準年相違や、経済活動の状況、技術水準などが異なっており一概に比較することはできない。よって、誤り。

正解　⑴

◆温暖化の影響と脱炭素の必要性①

【出題】

気候変動・温暖化による影響と脱炭素の必要性に関する次の記述の中で、最も不適切なものを一つ選びなさい。

(1)　ＩＰＣＣ（Intergovernmental Panel on Climate Change：国連気候変動に関する政府間パネル）は、世界気象機関及び国連環境計画が設立した政府間組織である。

(2)　ＩＰＣＣの６次評価報告書によると、1970 年以降の世界平均気温の上昇速度は、過去 2000 年間のどの 50 年間よりも速くなっている。

(3)　ＩＰＣＣの第６次報告書では、2050 年にＧＨＧ実質排出ゼロに達する最善シナリオを達成できれば、2060 年までは、1.5℃以内の上昇で抑えられる見込みとされている。

(4)　ＩＰＣＣ（国連気候変動に関する政府間パネル）はその評価報告の中で地球温暖化の原因については、「人間活動が大気・海洋及び陸域を温暖化させてきたことに疑う余地がない」としている。

▶▶*解説* --

ＩＰＣＣ（Intergovernmental Panel on Climate Change：国連気候変動に関する政府間パネル）は、世界気象機関及び国連環境計画が設立した政府間組織であり、気候変動の自然科学的根拠を扱う第１作業部会、気候変動の影響と、気候変動への適応と脆弱性を扱う第２作業部会、気候変動の緩和を扱う第３作業部会がある。

ＩＰＣＣの第６次評価報告（2021 年）では、まず地球温暖化の原因については、「人間活動が大気・海洋及び陸域を温暖化させてきたことに疑う余地がない」と指摘している。

同報告では、大気中のCO_2、メタン、一酸化二窒素は、過去 80 万年間で前例のない水準まで増加していると報告され、現状と将来予測に関しては、気温については「既に 2011 ～ 2020 年の間で 1.09℃上昇」しており、2050 年に実質排出ゼロに達する最善シナリオでも、2021～2040年の間で目標である1.5℃上昇の恐れがあるとされている。

さらに、もし化石燃料への依存を続けて対策をしなければ、今世紀末には5.7℃も気温が上昇する恐れがあるとし、もし5℃上昇すると、生態系に与える影響としては、絶滅種の割合が最大48％にも達する可能性があると示している。

また、また、気候変動は生態系にも変化をもたらし、農産物や海洋水産資源への影響も出ていることは、近年、わが国でサンマや鮭の極端な不漁や夏季の高温による未成熟米増加の例を見ても明らかであり、その他にも、一部の野生動物の分布拡大、サンゴの白化現象などが確認されている。

以上から、(1)、(2)、(4) は適切であり、(3) は不適切である。

正解 (3)

◆温暖化の影響と脱炭素の必要性②

【出題】

気候温暖化によるリスクに関する次の記述のうち、誤っているものを一つ選びなさい。

(1) 海水面上昇による海岸付近の設備や工場の水没のリスクは物理的リスクに分類される。

(2) 平均気温の上昇により農作物の収量が低下し、サプライチェーンに障害が発生する可能性があるが、これは移行リスクに該当する。

(3) 洪水による物流・サプライチェーンに関する設備や工場の水没のリスクは物理的リスクに分類される。

(4) 気候温暖化の影響による企業経営に与えるリスクには「物理的リスク」と「移行リスク」という2つのリスクカテゴリーがある。

▶▶解説

【気候関連リスク】

TCFD提言では気候関連リスクを、低炭素経済への「移行」に関するリスクと、気候変動による「物理的」変化に関するリスクに大別している

種類	定義	種類	主な側面・切り口の例
移行リスク	低炭素経済への「移行」に関するリスク	政策・法規制リスク	GHG排出に関する規制の強化、情報開示義務の拡大等
		技術リスク	既存製品の低炭素技術への入れ替え、新規技術への投資失敗等
		市場リスク	消費者行動の変化、市場シグナルの不透明化、原材料コストの上昇等
		評判リスク	消費者選好の変化、業種への非難、ステークホルダーからの懸念の増加等
物理的リスク	気候変動による「物理的」変化に関するリスク	急性リスク	サイクロン・洪水のような異常気象の深刻化・増加等
		慢性リスク	降雨や気象パターンの変化、平均気温の上昇、海面上昇等

出所：気候関連財務情報開示タスクフォース、「気候関連財務情報開示タスクフォースによる提言（最終版）」、2017、10ページを基に環境省作成

(2)　上記表に見るとおり、平均気温の上昇により農作物の収量が低下しサプライチェーンに障害が発生するリスクは、物理的リスクに該当する例示である。よって、誤りである。

(4)　気候変動の影響による企業経営に与えるリスクについて、ＴＣＦＤ提言では、気候関連リスクを大きく２つに分類している。その２つとは、気候や気象等の変化そのものに起因する「物理的リスク」と、脱炭素社会への移行に伴う、行政機関による政策の変更や規制、脱炭素技術の進展、特定の商品の需要の変化等に起因する「移行リスク」である。(1)、(3) は上記図表参照。

正解　(2)

◆脱炭素政策等から生じるリスク及び機会

【出題】

以下のうち、ＴＣＦＤ提言が分類・例示する気候変動緩和策・適応策における経営改革の機会の側面とその切り口例の組み合せとして最も不適切なものを一つ選びなさい。

(1)　製品／サービスの側面における交通・輸送手段の効率化。
(2)　レジリエンス強化の側面における資源の代替・多様化。
(3)　製品／サービスの側面におけるビジネス活動の多様化、消費者選好の変化。
(4)　エネルギー源の側面における低炭素エネルギー源の利用。

▶▶*解説* --

下記図表のとおりであり、交通・輸送手段の効率化は資源の効率化の側面である。よって、(1) が不適切である。

【気候関連機会】
TCFD提言では気候変動緩和策・適応策による経営改革の機会を5つに分類し例示している

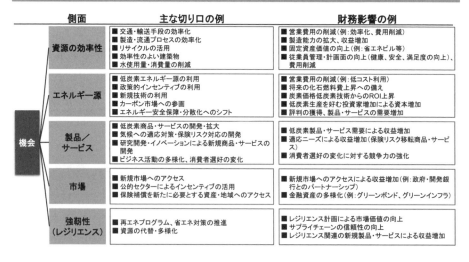

	側面	主な切り口の例	財務影響の例
機会	資源の効率性	■ 交通・輸送手段の効率化 ■ 製造・流通プロセスの効率化 ■ リサイクルの活用 ■ 効率性のよい建築物 ■ 水使用量・消費量の削減	■ 営業費用の削減（例：効率化、費用削減） ■ 製造能力の拡大、収益増加 ■ 固定資産価値の向上（例：省エネビル等） ■ 従業員管理・計画面の向上（健康、安全、満足度の向上）、費用削減
	エネルギー源	■ 低炭素エネルギー源の利用 ■ 政策的インセンティブの利用 ■ 新規技術の利用 ■ カーボン市場への参画 ■ エネルギー安全保障・分散化へのシフト	■ 営業費用の削減（例：低コスト利用） ■ 将来の化石燃料費上昇への備え ■ 炭素価格低炭素技術からのROI上昇 ■ 低炭素生産を好む投資家増加による資本増加 ■ 評判の獲得、製品・サービスの需要増加
	製品／サービス	■ 低炭素商品・サービスの開発・拡大 ■ 気候への適応対策・保険リスク対応の開発 ■ 研究開発・イノベーションによる新規商品・サービスの開発 ■ ビジネス活動の多様化、消費者選好の変化	■ 低炭素製品・サービス需要による収益増加 ■ 適応ニーズによる収益増加（保険リスク移転商品・サービス） ■ 消費者選好の変化に対する競争力の強化
	市場	■ 新規市場へのアクセス ■ 公的セクターによるインセンティブの活用 ■ 保険補償を新たに必要とする資産・地域へのアクセス	■ 新規市場へのアクセスによる収益増加（例：政府・開発銀行とのパートナーシップ） ■ 金融資産の多様化（例：グリーンボンド、グリーンインフラ）
	強靭性（レジリエンス）	■ 再エネプログラム、省エネ対策の推進 ■ 資源の代替・多様化	■ レジリエンス計画による市場価値の向上 ■ サプライチェーンの信頼性の向上 ■ レジリエンス関連の新規製品・サービスによる収益増加

正解　(1)

第1章

◆ＧＨＧ排出源（スコープ）の知識と脱炭素化の国際的な動き①

【出題】

企業のサプライチェーンにおける温室効果ガス排出量の算定や報告の方法を示すＧＨＧプロトコルにおけるScope（スコープ）に関する次の記述のうち、最も不適切なものを１つ選びなさい。

⑴　ＧＨＧプロトコルとは、企業を対象とした温室効果ガス排出量の算定・報告に関する国際的な基準である。

⑵　ＧＨＧ排出量の算定にあたっては、何のためにＧＨＧ排出量を算定するのか、「目的」を明確化することも重要である。

⑶　Scope1は燃料の燃焼や工業プロセスにおいて、事業者自らによる温室効果ガスの直接排出である。

⑷　Scope2は他社から供給された電気の使用に伴う間接排出であり、蒸気の使用についてはScope1に分類される。

▶▶*解説* --

⑴　ＧＨＧプロトコルとは、企業を対象とした温室効果ガス排出量の算定・報告に関する国際的な基準であり、環境問題に関する政策研究と技術支援を行う独立機関「ＧＨＧプロトコルイニシアチブ」により策定された。ＧＨＧプロトコルでは、原料調達から消費・廃棄まで、サプライチェーン全体の排出量を基準にしている。よって、正しい。

⑵　ＧＨＧ排出量の算定に当たっては、何のためにＧＨＧ排出量を算定するのか、つまり「目的」を明確化することも重要であり、ＧＨＧプロトコルでは、算定目的の例として

①ＧＨＧに関するリスクマネジメント及び削減機会の特定

②対外的な報告及び自主的なＧＨＧプログラムへの参加

③義務的な報告制度への参加

④ＧＨＧ市場への参加

⑤早期の自主的な削減行動の認知

の5つを挙げている。目的それぞれに応じて、排出量算定の範囲や精度等に影響があるといわれている。よって、正しい。

(3) Scope1は事業者による燃料の燃焼による排出やセメントの製造過程などで発生する工業プロセスに伴う温室効果ガスの直接排出のことを指す（自社の排出)。例えば、工事や輸送などで自社の車両を稼動させる場合は、ガソリンやディーゼルを消費する。あるいは、自社生産工場で製品加工のために熱を大量に使用する場合に、ボイラーを焚く。これらの燃料の消費量と、自社の活動で直接消費される化石燃料の原単位を用いて、自社のスコープ1の排出量が算出できる。よって、正しい。

(4) Scope2は他社から供給された電気、熱・蒸気の使用に伴う間接排出である。よって、不適切である。

正解 (4)

◆GHG排出源（スコープ）の知識と脱炭素化の国際的な動き②

【出題】

次の記述のうち、Scope3に該当しない事柄を1つ選びなさい。

(1) 倉庫での保管に伴う排出。
(2) 使用者による製品の使用に伴う排出。
(3) 自社設備ディーゼル発電機の使用に伴う排出。
(4) 自社製品の小売店での販売に伴う排出。

▶▶***解説*** --

Scope3の15のカテゴリーは次ページ表のとおり（表の出典：環境省「サプライチェーン排出量算定の考え方」(パンフレット))。

Scope3 の 15 のカテゴリー分類

	Scope3 カテゴリー	該当する活動（例）
1	購入した製品・サービス	パッケージングの外部委託、消耗品の調達
2	資本財	生産設備の増設（複数年にわたり建設・製造されている場合には、建設・製造が終了した最終年に計上）
3	Scope1、2 に含まれない燃料及びエネルギー活動	調達している燃料の上流工程（採掘、精製等） 調達している電力の上流工程（発電に使用する燃料の採掘、精製等）
4	輸送、配送（上流）	調達物流、横持物流、出荷物流（自社が荷主）
5	事業から出る廃棄物	廃棄物（有価のものは除く）の自社以外での輸送（※1）、処理
6	出張	従業員の出張
7	雇用者の通勤	従業員の通勤
8	リース資産（上流）	自社が賃借しているリース資産の稼働 （算定・報告・公表制度では、Scope1、2 に計上するため、該当なしのケースが大半）
9	輸送、配送（下流）	出荷輸送（自社が荷主の輸送以降）、倉庫での保管、小売店での販売
10	販売した製品の加工	事業者による中間製品の加工
11	販売した製品の使用	使用者による製品の使用
12	販売した製品の廃棄	使用者による製品の廃棄時の輸送（※2）、処理
13	リース資産（下流）	自社が賃貸事業者として所有し、他者に賃貸しているリース資産の稼働
14	フランチャイズ	自社が主宰するフランチャイズの加盟者の Scope1、2 に該当する活動
15	投資	株式投資、債券投資、プロジェクトファイナンスなどの運用
その他（任意）		従業員や消費者の日常生活

※1　Scope3 基準及び基本ガイドラインでは、輸送を任意算定対象としています。
※2　Scope3 基準及び基本ガイドラインでは、輸送を算定対象外としていますが、算定頂いても構いません。

(3)　自社設備ディーゼル発電機の使用に伴う排出はScope1 に該当する。よって、本問の正解。

正解　(3)

◆気候変動問題に対する長期戦略①

【出題】

日本政府は、「パリ協定に基づく成長戦略としての長期戦略」を2021年10月の国連へのＮＤＣ提出に合わせ、閣議決定している。この長期戦略における6つの視点に関する空欄①～④に当てはまる語句の組合せとして、正しいものを一つ選びなさい。

【長期戦略における6つの視点】

1. 利用可能な（　①　）に基づく政策運営
2. 経済と環境の好循環の実現
3. （　②　）の公正な移行
4. 需要サイドの変革
5. 各分野・主体における迅速な取組
6. （　③　）への貢献

(1)	①最良の科学	②金融市場	③インフラ整備
(2)	①環境投資	②労働力	③途上国
(3)	①最良の科学	②労働力	③世界
(4)	①環境投資	②規制改革	③世界

▶▶*解説* --

【長期戦略における6つの視点】

1. 利用可能な最良の科学に基づく政策運営
2. 経済と環境の好循環の実現
3. 労働力の公正な移行
4. 需要サイドの変革
5. 各分野・主体における迅速な取組
6. 世界への貢献

よって、(3)が正解である。

正解　(3)

◆気候変動問題に対する長期戦略②

【出題】

わが国の「パリ協定に基づく成長戦略としての長期戦略」の部門別脱炭素施策に関する次の記述の中で、誤っているものを一つ選びなさい。

(1)　エネルギー部門では、運輸部門で電気自動車（EV）や燃料電池自動車（FCV）の導入拡大とともに、二酸化炭素を活用した合成燃料の活用により、脱炭素化を実現する、としている。

(2)　産業部門では、自主的取組として、経団連が2021年6月に脱炭素社会実現に向けて立ち上げたイニシアティブである「チャレンジ・ゼロ」を通じたイノベーション創出が掲げられている。

(3)　産業分野では、長期的な視点に基づく企業の取組として、パリ協定に整合した科学的根拠に基づく中長期の温室効果ガス削減目標であるＳＢＴ（Science Based Targets）の設定やRE100への参加を掲げている。

(4)　地域・くらし分野では、地域の将来を見据えた持続可能な食料システムの構築を進め、食料・農林水産業の生産力向上と持続性の両立をイノベーションで実現する「地域循環共生圏」の創造を掲げている。

▶▶*解説*

次頁の表を参照するとわかるとおり、以下のようになる。

(1)は、設問記述のとおりである。よって、正しい。

(2)は、設問記述のとおりである。よって、正しい。

(3)は、設問記述のとおりである。よって、正しい。

(4)は、「みどりの食料システム戦略」についての解説となっている。よって、誤り。

正解　(4)

図表　部門別脱炭素施策

部門	施策	
エネルギー	電源の非化石化	再生可能エネルギーの導入促進と原子力発電所の再稼働等を通じて、エネルギーミックスにおいて2030年度に非化石電源割合を59%程度とする。
	省エネルギー	徹底した省エネルギーで対策前と比べて6200万kl程度を削減する。
	産業部門	水素還元製鉄、二酸化炭素吸収型コンクリート、二酸化炭素回収型セメント、人工光合成などの実用化により脱炭素化を実現する。
		高温の熱需要など電化が困難な部門では、水素、合成メタン、バイオマスなどを活用しながら、脱炭素化を実現する。
	民生部門	電化の進展と、再生可能エネルギー熱や水素、合成メタンなどの活用により脱炭素化を実現する。
	運輸部門	電気自動車（EV）や燃料電池自動車（FCV）の導入拡大とともに、二酸化炭素を活用した合成燃料の活用により、脱炭素化を実現する。
	二酸化炭素排出が避けられない分野	二酸化炭素直接回収・貯留（DACCS：Direct Air Carbon Capture and Storage）や二酸化炭素回収・貯留付きバイオマス発電（BECCS：Bio-Energy with CarbonCapture and Storage）、森林吸収源などにより二酸化炭素を除去する。
産業	自主的取組	経団連が2021年6月に脱炭素社会実現に向けて立ち上げたイニシアティブである「チャレンジ・ゼロ」を通じたイノベーション創出。
	グローバル・バリューチェーン（GVC）を通じた削減貢献	「温室効果ガス削減貢献定量化ガイドライン」に基づいた削減貢献量の定量化と、投資家・消費者などのステークホルダーに対する情報発信。
	長期的な視点に基づく企業の取組	パリ協定に整合した科学的根拠に基づく中長期の温室効果ガス削減目標であるSBT（Science Based Targets）の設定や、自らの事業活動における使用電力を100%再生可能エネルギー電力で賄うことを目指すRE100への参加。
運輸	自動車の電動化に対応した交通・物流・インフラシステムの構築	自動走行・デジタル技術の電動車への実装等の新技術活用。 低速走行、ダウンサイジング（車両の小型化、運行経路や頻度の見直し等）等の新たなサービス等の地域交通の多様なニーズとも組み合わせ、二酸化炭素排出削減と移動の活性化の同時実現を図る。 EV等の蓄電池としての活用。
	デジタルとグリーンによる持続可能な交通・物流サービスの展開	LRT（Light RailTransit23）・BRT（Bus Rail Transit24）やEV・FCVをはじめとする二酸化炭素排出の少ない輸送システムの導入。 MaaS活用による二酸化炭素排出削減と移動の活性化の同時実現。 カーボンフリーな代替燃料への転換を加速するなど、省エネルギー・省CO_2に資する次世代のグリーン輸送機関の開発・導入促進。
	港湾・海事分野におけるカーボンニュートラルの実現	燃料の水素・燃料アンモニア等への転換。
地域・くらし	「地域循環共生圏」の創造	地域資源を持続可能な形で活用し、自立・分散型の社会を形成しつつ広域的なネットワークにより、地域における脱炭素化と環境・経済・社会の統合的向上によるSDGsの達成を図る。
	「みどりの食料システム戦略」	地域の将来を見据えた持続可能な食料システムの構築を進め、食料・農林水産業の生産力向上と持続性の両立をイノベーションで実現する。
	「脱炭素ドミノ」	2025年までに少なくとも100か所の脱炭素と地方創生の同時達成した脱炭素先行地域を実現させ日本全国・海外に伝播させる。 ・太陽光発電を初期投資ゼロで設置できるビジネスモデルの確立 ・家庭において、電気を「買う」から「作る」時代へと転換させる ・地域が主役になり、地域と共生し、地域に裨益する再生可能エネルギー事業が全国各地で展開される状態の一般化 ・地域内の人・モノの車による移動について、EV/プラグインハイブリッド電気自動車（PHEV）/FCVが最初の選択肢となる ・環境配慮設計製品（省資源、リユース可能、分別容易、再生材やバイオマスプラスチック等への素材代替等）の利用やワンウェイ・プラスチックのリデュース、市町村、製造・販売事業者、排出事業者によるプラスチック資源の回収・リサイクルの推進 ・廃棄物処理や下水処理で得られる電気、熱、二酸化炭素、バイオガス等の地域での活用拡大 ・農林水産業の二酸化炭素ゼロエミッション化、園芸施設の化石燃料を使用しない施設への完全移行 ・輸入原料や化石燃料を原料とした化学肥料の使用量の30%低減

出所：「パリ協定に基づく成長戦略としての長期戦略」をもとに作成

◆気候変動問題に対する長期戦略③

【出題】

民間事業者等による温室効果ガス削減の取組に関する次の記述の中で、正しいものを一つ選びなさい。

(1) スコープ3とは、サプライチェーン排出量のことで、スコープ1・スコープ2以外の直接排出のことを言う。

(2) ＲＥ 100とは、製品リサイクル率を100%にする民間企業の取組である。

(3) ＳＢＴとは、「Science Based Targets」の略語で、パリ協定が求める水準に適合した5年～15年先を目標年とした企業が設定する利用エネルギー削減目標のことである。

(4) ＳＢＴの設定による企業にとっての意義は、パリ協定に整合する持続可能な企業であることを、ステークホルダーに対して分かりやすくアピールすることができることである。

▶▶***解説***

① サプライチェーン排出量削減

サプライチェーンとは、原料調達・製造・物流・販売・廃棄等、一連の流れ全体をいい、そこから発生する温室効果ガス排出量をサプライチェーン排出量と呼ぶ。サプライチェーン排出量は、スコープ1、スコープ2、スコープ3から構成されている。

これまで、地球温暖化対策の推進に関する法律に基づく算定・報告・公表制度や一部の地方公共団体の条例に基づく各算定・報告制度に基づき、企業が自社で直接排出する、「スコープ1（直接排出量：自社の工場・オフィス・車両など)」および「スコープ2（エネルギー起源間接排出量：電力など自社で消費したエネルギー)」で排出内容が定義され、それぞれの算定方法に従って算出されていた。

しかしながら、現行の制度下では事業者のサプライチェーンを通じた削減ポテンシャルが明らかにならず、自社以外での排出削減行動のインセンティブが働かないという課題が残っていた。

近年、これまで算定対象外であった「スコープ3（その他の間接排出量）」を含むサプライチェーン全体の排出量、つまり自社排出量のみならず、企業活動の上流から下流に関わる内容を算定範囲とする動きが広まっている。これにより、サプライチェーン全体において排出量や排出削減のポテンシャルが大きい段階が明らかになり、事業者が効率的な削減対策を実施することで透明性を高めつつ競争力強化を図ることが期待されている。

② サプライチェーン排出量削減に向けた動き

世界各国において事業者のサプライチェーン排出量の見える化（把握・管理や情報開示）の動きが活発化してきている。環境省と経済産業省が運営するグリーン・バリューチェーンプラットフォームでは、サプライチェーン排出量に関する情報を収集することができる。グリーン・バリューチェーンプラットフォームに掲載されている代表的な動きを以下に解説する。

ア．ＳＢＴ（Science Based Targets）

Science Based Targetsは、企業が、パリ協定（世界の気温上昇を産業革命前より2℃を十分に下回る水準（Well Below 2℃）に抑え、または1.5℃に抑えることを目指すもの）が求める水準と整合させ、5年～15年先を目標年とした、気候科学（IPCC）に基づく削減シナリオと整合した削減目標を設定する取組である。

運営機関は、ＣＤＰ・ＵＮＧＣ・ＷＲＩ・ＷＷＦの4つの機関が共同で運営している。また、We Mean Business（WMB）が、取組の一つとして実施している。企業にとっての意義は、パリ協定に整合する持続可能な企業であることを、ステークホルダーに対して分かりやすくアピールできることである。

イ．ＲＥ100

事業に使用する電力を100％再生エネルギー電力で賄うことを目標とする取組である。ＣＤＰとのパートナーシップの下、The Climate Groupが運営（日本の窓口はＪＣＬＰ）している。また、We Mean Business（WMB）が、取組の一つとして実施している。

⑴は、スコープ3とは、スコープ1・スコープ2以外の間接排出のことである。よって、誤り。

(2)は、ＲＥ 100 は事業に使用する電力を 100％再生可能エネルギーで賄うことを目標とする取組である。よって、誤り。

(3)は、ＳＢＴとは、「Science Based Targets」の略語で、パリ協定が求める水準に適合した５年～ 15 年先を目標年とした企業が設定する温室効果ガス削減目標のことである。よって、誤り。

(4)は、設問記述のとおりである。よって、正しい。

正解 (4)

◆気候変動問題に対する長期戦略④

【出題】

温室効果ガスインベントリに関する次の記述の中で、正しいものを一つ選びなさい。

(1) 温室効果ガスインベントリとは、パリ協定に基づき提出が義務付けられている一国が１年間に排出・吸収した温室効果ガスの量を取りまとめたデータのことを言う。

(2) 日本の 2019 年度における温室効果ガス総排出量は 12 億 1,200 万トン（ＣＯ２換算）で 1990 年度からわずかに増加した。

(3) 日本の 2019 年度における分野毎の排出量の割合のうち、エネルギー分野が 80％超であった。

(4) 日本の 2019 年度におけるＬＵＬＵＣＦ（土地利用、土地利用変化および林業）分野の吸収量の温室効果ガス総排出量に対する割合は 20％超であった。

▶▶*解説* --

気候変動枠組条約（United Nations Framework Convention on Climate Change: UNFCCC）の第４条１及び第 12 条１に基づき、日本を含む附属書I締約国（いわゆる先進国）は、毎年自国の温室効果ガスインベントリを作成し、4 月 15 日までに条約事務局へ提出することが義務付けられている。インベントリとは、一定期間内に特定の物質がどの排出源・吸収源からどの程度排出・吸収されたかを示す一覧表のことである。気候変動・地球温暖化では、一国が1年間に排出・吸収する温室効果ガスの量をとりまとめたデータのことを、一般的に「温室効果ガスインベントリ（Greenhouse Gas Inventory）」と呼んでいる。

温室効果ガスインベントリの構成および内容は、第19回気候変動枠組条約締約国会議（COP19）で採択された改訂UNFCCCインベントリ報告ガイドライン（Decision 24/CP.19, Annex）で規定されている。附属書I国が提出すべき温室効果ガスインベントリでは、二酸化炭素（CO_2）、メタン（CH_4）、一酸化二窒素（N_2O）、ハイドロフルオロカーボン類（HFCs）、パーフルオロカーボン類（PFCs）、六フッ化硫黄（SF_6）、三フッ化窒素（NF_3）の7種の温室効果ガスの排出量を算定するとともに、CO_2と比較した場合の各温室効果ガスの温室効果の強さを示す地球温暖化係数（Global WarmingPotential: GWP）を用いてCO_2等量に換算した温室効果ガス総排出量を算定することが求められている。

算定対象期間は、ＩＰＣＣガイドラインでは、各年の排出·吸収量を暦年ベース（1月1日～12月31日）で推計することが良いとされているが、使用データが時系列で一貫している場合は、会計年度でも使用可能とされている。日本は、排出・吸収量の算定の際に使用している各種統計が会計年度（4月1日～翌年3月31日）に基づいているものが多いことから、基本的に会計年度ベースで排出・吸収量を推計している（ただし、HFCs、PFCs、SF_6、NF_3は出典統計が暦年ベースであることから、暦年で算定している。その他のガスにおいても、使用統計の制約により、暦年値を用いている部分が存在する）。

(1)は、「パリ協定」ではなく、「気候変動枠組条約」である。よって、誤りである。

(2)は、2019年度の総排出量は1990年度比4.9％減少している。よって、誤りである。

(3)は、2019年度の温室効果ガス排出量及び吸収量の分野ごとの内訳をみると、温室効果ガス総排出量に占める割合は、エネルギー分野（間接CO2含まない）が87.2%、工業プロセス及び製品の使用分野（間接CO2含まない）が8.4%、農業分野が2.6%、廃棄物分野が1.7%、間接CO2排出が0.2%であった。よって、正しい。

(4)は、2019年度における日本のＬＵＬＵＣＦの総排出量に占める割合は4.1%である。よって、誤りである。

正解　(3)

◆脱炭素化促進のための国・自治体の政策①

【出題】

日本政府の温室効果ガス削減に向けた取組に関する次の記述の中で、誤っているものを一つ選びなさい。

(1)　日本は、二国間クレジット制度（ＪＣＭ）に基づき、途上国に対する脱炭素支援の成果を自国の削減目標達成に活用している。

(2)　日本は、すべての化石燃料の利用に対し、環境負荷に応じて広く薄く公平に負担を求めるため「地球温暖化対策のための税」を導入している。

(3)　日本では、省エネルギー設備の導入や再生可能エネルギーの利用によるCO_2等の排出削減量や、適切な森林管理によるCO_2等の吸収量を「クレジット」として国が認証し、そのクレジットを売買できる制度として「J-クレジット制度」が運営されている。

(4)　日本政府は「地域脱炭素ロードマップ」に基づいた地域の脱炭素を推進するため、2030年度までに少なくとも各都道府県に1つ、47カ所の「グリーントランスフォーメーション（ＧＸ）先行地域」を作るとしている。

▶▶*解説* ---

日本政府の温室効果ガス削減に向けた主な取組としては、

①「地球温暖化対策のための税」導入……石油・天然ガス・石炭といったすべての化石燃料の利用に対し、環境負荷に応じて広く薄く公平に負担を求めるものである。地球温暖化対策税は、全化石燃料を課税ベースとする現行の石油石炭税の徴税スキームを活用し、石油石炭税に上記の税率を上乗せする形で課

税している。

② 暮らし・社会分野の脱炭素に向けた取組……2021年6月に国・地方脱炭素実現会議が「地域脱炭素ロードマップ」を公表。2020年度から5年間政策を総動員し、人材・技術・情報・資金を積極支援し、2030年度までに少なくとも100カ所の「脱炭素先行地域」をつくるとともに、全国で重点対策（自家消費型太陽光、省エネ住宅、電動車など）を実行するとしている。

③ 「排出量取引制度（二国間クレジット制度（Joint Crediting Mechanism：JCM））」……途上国に対する、日本の優れた低炭素技術・製品・システム・サービス・インフラ等の普及や対策実施を通じ、実現した温室効果ガス排出削減・吸収への我が国の貢献を定量的に評価し、日本の削減目標の達成に活用する制度。

④ 「カーボンオフセット（J-クレジット制度）」……省エネルギー設備の導入や再生可能エネルギーの利用によるCO_2等の排出削減量や、適切な森林管理によるCO_2等の吸収量を「クレジット」として国が認証し、実際の排出削減・吸収活動の成果をクレジットとして売買できるようにし、クレジット購入者もクレジット創出者の排出削減・吸収活動を資金面で支援することができ、社会全体で排出削減・吸収活動が一層推進される制度である。

(1) 設問記述の通り。よって、正しい。

(2) 設問記述の通り。よって、正しい。

(3) 設問記述の通り。よって、正しい。

(4) 47カ所ではなく100カ所であり、「グリーントランスフォーメーション（GX）先行地域」ではなく「脱炭素先行地域」である。よって、誤り。

正解 (4)

◆脱炭素化促進のための国・自治体の政策②

【出題】

エネルギー対策特別会計（エネ特）における補助事業等に関する次の記述のうち、誤っているものを1つ選びなさい。

(1) 環境省は地球温暖化対策のための税を原資としたエネルギー対策特別会計

（エネ特）を活用して、再エネや省エネ設備を導入することで温室効果ガス削減を実現する補助・委託事業を実施している。

(2)　エネ特は石油石炭税や電源開発促進税を財源とし、主にエネルギー需給構造高度化対策、燃料安定供給対策、電源立地対策、電源利用対策の４つの目的・使途がある。

(3)　エネ特における補助・委託事業の形態には、環境省が執行団体を通じて支援を行う間接補助事業、環境省が直接支援を行う直接補助事業、実証･支援･技術開発等の事業である委託事業に分類される。

(4)　エネ特における補助・委託事業は、すべて環境省が執行団体を通じて支援を行う間接補助事業となっている。

▶▶解説

環境省は、地球温暖化対策のための税を原資としたエネルギー対策特別会計（エネ特）を活用して、再エネや省エネ設備を導入することで温室効果ガス削減を実現する補助・委託事業を実施している。

エネ特は石油石炭税や電源開発促進税を財源とし、主に

①エネルギー需給構造高度化対策

②燃料安定供給対策……石油・天然ガス等の資源開発、石油の備蓄

③電源立地対策……発電施設の立地の促進、運転の円滑化

④電源利用対策……発電施設の利用の促進、安全の確保

の４つの目的・使途がある。このうち、環境省では省エネルギー対策の推進や再生可能エネルギーの開発・利用促進を支援している。また、補助・委託事業においては、その方法が

①間接補助事業……環境省が執行団体を通じて支援を行う事業

②直接補助事業……環境省が直接支援を行う事業

③委託事業……実証・支援・技術開発等の事業

に分かれており、それぞれ応募・申請のスキーム（申請窓口等を含め）が異なるので、十分な確認が必要となる。

以上から（4）が正解となる。

正解　(4)

◆企業において排出量削減が求められる背景

【出題】

企業が脱炭素に取り組む必要性等に関する次の記述のうち、誤っているものを一つ選びなさい。

(1) 2018年12月に施行された「気候変動適応法」では、民間企業には『自らの事業活動を円滑に実施するため、その事業活動の内容に即した気候変動適応に努める』ことが求められている。

(2) グローバル企業や大企業は、世界的な気候政策の強化や投資家からのＥＳＧ評価等にさらされ、サプライチェーン全体の脱炭素化を進める必要に迫られている。

(3) 環境配慮製品を求める消費者や顧客が増加することで、製品の脱炭素化・低炭素性をアピールできなければ、市場を失う可能性がある。

(4) 中小企業にとっては、排出量の削減に向けて取り組む目的は、サプライチェーンの要請への対応として求められる点に限定されると考えられている。

▶▶***解説***

(1) 2018年12月に施行された「気候変動適応法」では、民間企業には『自らの事業活動を円滑に実施するため、その事業活動の内容に即した気候変動適応に努める』ことと、『国及び地方公共団体の気候変動適応に関する施策に協力するよう努める』ことが期待されている。よって、正しい。

(2) すでに、グローバル企業や大企業（その１次的下請け会社を含む）を中心に①再エネの利用拡大、科学的根拠に基づく中長期的な削減目標の設定（ＲＥ100やＳＢＴへの参加）、②気候関連財務情報開示（ＴＣＦＤに沿った情報開示）、③Scope3を含めたサプライチェーン全体を通したCO_2排出削減、といった要請にこたえるための対応が進んでいる状況にある。よって、正しい。

(3) 脱炭素化の要請に応えなければ（サプライチェーン、機関投資家・消費者等から）自社が選ばれなくなる、製品・サービスを購入してもらいにくくなったり、資金調達が難しくなったりと、事業活動を継続できなくなるというリスクを抱えることにもなり得る。近年、消費者はＳＤＧｓ（持続可能な開発目標）に貢献する製品・サービスを選好することが増えつつあることからも、この点については理解いただけるだろう。

(4) 自社のリスク対策ともなるので、サプライチェーンの要請への対応に限定されない。

正解 (4)

◆企業における気候変動に関する開示の意義

【出題】

企業が気候変動に関する情報開示をする必要性に関する次の記述のうち、最も不適切なものを一つ選びなさい。

(1) 企業にとっては、開示した情報が、投資家を含むステークホルダーに気候変動リスクと機会をより正確に評価してもらう手助けとなるため、企業への投融資の意思決定を促進させるというメリットがある。

(2) 2023年3月期以降の有価証券報告書には、ＴＣＦＤ提言の内容を踏まえた「サステナビリティに関する考え方及び取組み」の記載欄が新設され、サステナビリティ情報の開示が求められるようになっている。

(3) 気候変動対策に関する情報を開示することで、投資家等に対して自社の持続性をアピールできる。

(4) コーポレートガバナンス・コードにおいて、すべての株式上場会社は気候変動に係るリスク及び収益機会が自社の事業活動や収益等に与える影響について、開示の質と量の充実を進めるべきとして、法的義務を課している。

▶▶解説

⑴ 例えば代表的な開示の取組みであるＴＣＦＤに賛同するメリットの一つとして、企業が気候関連リスクを適切に評価・管理することは、投資家・貸付業者からの信頼にもつながり、金融機関による投資が増加する、という点が挙げられている（環境省の「気候関連財務情報開示タスクフォース（ＴＣＦＤ）の概要資料」(2021年6月))。よって、正しい。

⑵ 2023年3月期以降の有価証券報告書には、ＴＣＦＤ提言の内容を踏まえた「サステナビリティに関する考え方及び取組み」の記載欄が新設され、サステナビリティ情報の開示が求められるようになった。よって、正しい。

⑶ 気候変動による影響は、個々の企業が活動する拠点や事業の内容などによって異なる。今後拡大が予測される気候変動の影響を回避・軽減するためには、自らの事業活動の特性を踏まえた主体的な取組が必要となる。気候変動対応に戦略的に取り組むことは、事業の持続可能性を高める上で必要不可欠であることはもとより、顧客や投資家などからの信頼を高めることや、新たな事業機会を創出することなどにもつながる。よって、正しい。

⑷ 対象はプライム市場上場会社であり、さらに、コーポレートガバナンス・コードの義務は法的義務ではない。よって、誤りである。

正解 ⑷

2．金融機関にとってのＳＤＧｓ

◆ポジティブ・インパクト金融原則

【出題】

ポジティブ・インパクト金融原則に関する次の記述の中で、正しいものを一つ選びなさい。

(1) ポジティブ・インパクト金融原則は、ＳＤＧｓ達成に向けた金融の共通枠組みである。

(2) ポジティブ・インパクト金融原則は、ポジティブ・インパクト金融に対して「持続可能な開発の3つの側面（経済、環境、社会）のいずれかにおいて潜在的なマイナスの影響が適切に特定され緩和されること」のみを求めている。

(3) ポジティブ・インパクト金融原則は、ポジティブ・インパクト金融を提供する金融機関に対して透明性の確保は求めているが金融機関の守秘義務を考慮して情報開示は求めていない。

(4) ポジティブ・インパクト金融原則は、ポジティブ・インパクト金融の評価は投融資金額によって評価されるとしている。

▶▶***解説***

ポジティブ・インパクト金融原則は、ＳＤＧｓ達成に向けた金融の共通枠組みである。2015年10月、国連環境計画金融イニシアティブ（UNEP FI）の銀行および投資メンバーが、新たな資金調達パラダイムを呼びかけて、ポジティブ・インパクト宣言を行った。宣言では、持続可能な開発とＳＤＧｓ達成間のギャップを埋めるためには、持続可能な開発の3つの側面の総合的な検討に基づいて、新たなインパクトにも則ったアプローチが必要であるとしている。

同宣言では、銀行および投資家が、経済、社会、環境面でのプラスの影響を増大する努力を導くための金融における一連の共通原則として、ポジティブ・

インパクト金融原則をそのロードマップの中心的要素に据えている。
ポジティブ金融原則は以下の「4つの原則」から構成されている。

原則1：定義（プラスの貢献）

原則2：枠組み（特定とモニタリング）

原則3：透明性（情報開示）

原則4：評価（インパクトの実現度合い）

(1)は、設問記述のとおり。よって、正しい。

(2)は、原則1で、ポジティブ・インパクト金融は、少なくとも1つの面でプラスの貢献をもたらすことも必要であるとされている。よって、誤りである。

(3)は、ポジティブ・インパクト金融原則は、原則3で「透明性の確保と情報開示」を求めている。よって、誤りである。

(4)は、原則4でポジティブ・インパクト金融原則は、意図するインパクトの実現度合いで評価されなければならない、としている。よって、誤りである。

正解　(1)

◆ＰＲＩ

【出題】

ＰＲＩ（責任投資原則）は、Principles for Responsible Investmentの略語である。ＰＲＩに関する次の記述の中で、誤っているものを一つ選びなさい。

(1)　ＰＲＩは、機関投資家の意思決定プロセスにＥＳＧ課題を受託者責任の範囲内で反映させるべきとした世界共通のガイドライン的性格を有する原則である。

(2)　ＰＲＩは、法的拘束力があり、原則に違反した場合、罰則が適用される。

(3)　ＰＲＩは、「6つの原則」から構成されている。

(4)　ＰＲＩの原則のうちの1つに「投資対象の主体に対してＥＳＧ課題についての適切な開示を求める」旨のものがある。

▶▶解説 --

ＰＲＩ（責任投資原則）は、Principles for Responsible Investmentの略語である。機関投資家の投資意思決定プロセスにESG課題（環境・社会・企業統治）を受託者責任の範囲内で反映させるべきとした世界共通のガイドライン的な性格を有する原則である。国連環境計画（ＵＮＥＰ）、国連グローバル・コンパクトが推進している。現在、この原則を推進しているのは、ＴＨＥ ＰＲＩである。

当該原則は、法的拘束力がない、任意の原則の位置づけである。ＰＲＩは6つの原則から構成されている。

「6つの原則」

1. 私たちは、投資分析と意思決定のプロセスにＥＳＧの課題を組み込みます
2. 私たちは、活動的な（株式）所有者になり、（株式の）所有方針と所有慣行にＥＳＧ課題を組み込みます
3. 私たちは、投資対象の主体に対してＥＳＧ課題について適切な開示を求めます
4. 私たちは、資産運用業界においてPRIが受け入れられ、実行に移されるように働きかけを行います
5. 私たちは、ＰＲＩを実行する際の効果を高めるために協働します
6. 私たちは、本原則の実行に関する活動状況や進捗状況に関して報告します

（出所：ＴＨＥ ＰＲＩ責任投資原則（日本語版））

(1) 設問記述のとおり。よって、正しい。
(2) ＰＲＩは法的拘束力がない、任意の原則である。よって、誤りである。
(3) 設問記述のとおり。よって、正しい。
(4) 設問記述のとおり。よって、正しい。

正解 (2)

第1章

◆ＰＳＩ

【出題】

持続可能な保険原則（ＰＳＩ）は、保険会社の意思決定プロセスにESG課題を反映させる世界共通の原則である。持続可能な保険原則に関する次の記述の中で、正しいものを一つ選びなさい。

⑴　持続可能な保険原則は、「4つの原則」から構成されている。
⑵　持続可能な保険原則は、法的な拘束力があり、損害保険を取り扱う保険会社は必ず署名しなければならない。
⑶　持続可能な保険原則は、石油関連の施設に対する損害保険の付保を禁止している。
⑷　持続可能な保険原則に署名している日本の損害保険会社はない。

▶▶*解説* --

ＰＳＩ（持続可能な保険原則）は、Principles for Sustainable Insuranceの略語である。この原則は、ＵＮＥＰ　ＦＩにおいて2013年6月に策定された。

ＰＳＩは4つの原則から構成されている。

原則1：保険事業に関連する環境・社会・ガバナンス（ＥＳＧ）問題を意思決定に組み込む

原則2：顧客やビジネス・パートナーと協働して、ＥＳＧ問題に対する関心を高め、リスクを管理し、解決策を生み出す

原則3：政府や規制当局、他の主要なステークホルダーと協働して、ＥＳＧ問題について社会全体での幅広い行動を促す

原則4：本原則実施の進捗状況を定期的に一般に開示して、説明責任を果たし透明性を確保していることを示す

2019年2月には「損害保険引受に関するＥＳＧガイダンス」を公表している。

⑴は、設問記述のとおりである。よって、正しい。

⑵は、責任保険原則は、法的拘束力がない、任意の原則である。よって、誤り。

⑶は、損害保険の付保対象まで規制していない。よって、誤り。

(4)は、持続可能な保険原則に署名している日本の損害保険会社は3社ある。よって、誤り。

正解　(1)

◆ＰＲＢ

【出題】

ＰＲＢ（責任銀行原則）は、Principles for Responsible Bankingの略語であり、2019年9月22日に発足した。ＰＲＢに関する次の記述の中で、正しいものを一つ選びなさい。

(1)　2021年4月現在、ＰＲＢに署名している日本に本店を置く金融機関は、いわゆるメガバンクグループ3行のみである。

(2)　ＰＲＢは、5つの原則（整合性、インパクトと目標設定、顧客（個人･法人）、ステークホルダー、透明性と説明責任）から構成されている。

(3)　ＰＲＢに署名した銀行は、3つのステップを5年以内に実施することを求められる。

(4)　ＰＲＢに署名した銀行が実施を求められる3つのステップとは、ステップ1（インパクト分析）、ステップ2（目標設定と実施）、ステップ3（説明責任）である。

▶▶*解説*

ＰＲＢ（責任銀行原則）は、Principles for Responsible Bankingの略語である。

ＰＲＢは2019年9月22日に発足している。環境省は、銀行のＰＲＢへの署名・取組を促すため2021年3月に「責任銀行原則（ＰＲＢ）の署名・取組ガイド」を公表している。

ＰＲＢに署名した銀行は、「6つの原則への遵守」と「3つのステップの4年以内の実行」を求められる事となる。

6つの原則と原則に沿って求められる行動は次ページ図のとおりである。

図表　６つの原則への遵守

原則	原則に沿って求められる行動
原則１：整合性（アラインメント） 事業戦略を、SDGsやパリ協定及び各国・地域の枠組で表明されているような個々人のニーズ及び社会的な目標と整合させ、貢献できるようにする	• 事業に関連のあるフレームワークを評価し、地域・国の社会的な目標の特定 • フレームワークと銀行のビジネス戦略の整合がどのように取れているかの評価 • 事業を通して、どのように社会的な目標に貢献できるのかを説明
原則２：インパクトと目標設定 銀行業務によって発生するポジティブインパクトの増大およびネガティブインパクトの低減を評価するそのための、目標を設定し、公表する	• 社会、経済、環境面においてのポジティブ・ネガティブインパクトの分析の実施 • 分析結果を踏まえ、最も社会的な目標にインパクトを与える分野の特定 • ２つ以上のSMARTに沿った目標設定 • 進捗確認のための重要業績評価指標（KPI）の設定
原則３：顧客（法人・リテール） 顧客と協力して、持続可能な慣行を奨励し、現在と将来の世代に共通の繁栄をもたらす経済活動を可能にする	• どのように持続可能なビジネスを可能・促進しているのか、顧客の経営層への報告を行い、顧客の巻き込みを実施
原則４：ステークホルダー これらの原則の目的を更に推進するため、関係するステークホルダーと積極的に協力する	• 多様なステークホルダーと協議・協調し、自行のビジネスによるインパクトを拡大化
原則５：ガバナンスと企業文化 効果的なガバナンスと責任ある銀行としての企業文化を通じて、これらの規則に対するコミットメントを実行する	• PRBの原則を行内ガバナンスへ取り入れ、コミットメントや効果的な管理を行う • 社内体制、ポリシー等の行内ガバナンスの構築や、従業員内での責任ある銀行文化の醸成・促進のための方針を公開
原則６：透明性と説明責任 これらの原則の個別および全体的な実施状況を適切に見直し、ポジティブ・ネガティブインパクト、および社会的な目標の貢献について、透明性を保ち、説明責任を果たす	• 自行の活動によるポジティブ・ネガティブインパクト、および社会的な目標達成への貢献について、透明性を確保し、説明責任を果たす • 署名後の設定された期間内に、年次で進捗の報告を行う

出所：環境省「責任銀行原則（PRB）の署名・取組ガイド」

2021年12月20日現在、PRBへの署名機関数は68カ国・地域265機関で、銀行資産の45％超を占めている。日本の著名機関は、株式会社三菱ＵＦＪフィナンシャル・グループ、株式会社みずほフィナンシャルグループ、野村ホールディングス株式会社、株式会社新生銀行、株式会社三井住友フィナンシャルグループ、三井住友トラスト・ホールディングス株式会社、株式会社滋賀銀行、株式会社九州フィナンシャルグループの８機関である。

(1)　2021年４月27日現在ＰＲＢに署名している日本の金融機関数は８機関（三菱UFJフィナンシャルグループ、みずほフィナンシャルグループ、野村ホールディングス、三井住友フィナンシャルグループ、三井住友トラスト・ホールディングス、滋賀銀行、九州フィナンシャルグループ、新生銀行）である。よって、誤りである。

(2)　ＰＲＢは、6つの原則（整合性、インパクトと目標設定、顧客（個人･法人）、ステークホルダー、ガバナンスと企業文化、透明性と説明責任）から構成されている。よって、誤りである。

(3)　ＰＲＢに署名した銀行は、３つのステップを４年以内に実施することを求められる。よって、誤りである。

⑷　設問記述のとおり。よって、正しい。

正解　⑷

◆ＴＣＦＤ

【出題】

気候関連財務情報開示タスクフォース（ＴＣＦＤ）に関する次の記述の中で、正しいものを一つ選びなさい。

⑴　気候変動が金融機関にもたらす３つのリスクのうち、移行リスクとは、「温室効果ガス排出量の大きい金融資産の再評価によりもたらされるリスク」のことである。

⑵　気候変動が金融機関にもたらす３つのリスクのうち、物理的リスクとは、「洪水や暴風雨等の気象事象によってもたらされる財物損壊等の直接的インパクト」のことであり、「財物損壊等によって生産や物流が中断される間接的インパクト」は含まない。

⑶　気候変動が金融機関にもたらす３つのリスクのうち、賠償責任リスクとは、「金融機関が環境保護団体から訴訟を起こされ賠償責任を負わされるリスク」のことである。

⑷　気候関連財務情報開示タスクフォースは、金融機関のみを対象に気候変動関連リスクおよび機会に関する開示を推奨している。

▶▶*解説*

ＴＣＦＤとは、Ｇ20の要請を受け、金融安定理事会（ＦＳＢ）により、気候関連の情報開示および金融機関の対応をどのように行うかを検討するため、マイケル・ブルームバーグ氏を委員長として設立された「気候関連財務情報開示タスクフォース（Task Force on Climate-related Financial Disclosures）」のことである。

ＴＣＦＤは2017年６月に最終報告書を公表し、企業等に対し、気候変動関連リスク、および機会に関する下記の項目について開示することを推奨している。

（推奨開示事項）

○ガバナンス（Governance）：どのような体制で検討し、それを企業経営に反映しているか。

○戦略（Strategy）：短期・中期・長期にわたり、企業経営にどのように影響を与えるか。またそれについてどう考えたか。

○リスク管理（Risk Management）：気候変動のリスクについて、どのように特定、評価し、またそれを低減しようとしているか。

○指標と目標（Metrics and Targets）：リスクと機会の評価について、どのような指標を用いて判断し、目標への進捗度を評価しているか。

ＴＣＦＤへの取組は金融機関、企業経営にとって重要な要素となっている。

(1)は、移行リスク：低炭素経済への移行に伴い、GHG排出量の大きい金融資産の再評価によりもたらされるリスクである。よって、正しい。

(2)は、物理的リスクとは、直接的インパクトと間接的インパクトを含んでいる。よって、誤り。

(3)は、賠償責任リスクとは、「気候変動によって損失を被った当事者が他者の賠償責任を問い、回収を図ることによって生じるリスク」のことである。よって、誤り。

(4)は、金融機関のみではなく企業全般に推奨している。よって、誤り。

正解 (1)

◆ＣＳＲからＣＳＶへ

【出題】

企業の社会貢献に対する取組の考え方としてＣＳＲやＣＳＶがある。ＣＳＲやＣＳＶに関する次の記述の中で、正しいものを一つ選びなさい。

(1) ＣＳＲは、Corporate Social Responsibilityの略語であり、社会課題の解決と経営的成果（企業価値・ブランド価値を高める）のどちらか一方を目的としている活動を指す。

(2) ＣＳＶは、Customer Shared Valueの略語であり、社会性と経済性を両立させ、顧客との間であらたな価値を生む経営である。

(3)　ＣＳＶを実現するには、既存の自社事業の評価を実施する必要はなく、将来のビジネスのみについて考察すべきである。

(4)　ＣＳＶを導入する際、解決すべき社会的課題の出発点をＳＤＧｓとすることにより、ＳＤＧｓと整合性のあるＣＳＶを実現することにつながる。

▶▶解説

1970年代半ば、アメリカにおいてフィランソロピー（Philanthropy：企業による社会課題解決）が専門家の間で使われ始め、1990年代後半に企業における社会的責任としてＣＳＲの概念が誕生した。企業のＣＳＲへの取組の定義は次の３点が実現されていることとされている。①「社会的課題の解決」と「経営的成果」の両方を目的としていること、②企業内で完結せず、サプライチェーン全体はもとより、さまざまな外部組織との取組であること、③この取組を通じて、企業が自社の支持者や未来の顧客を創造し、企業価値やブランド価値を高める取組であること。

このようにＣＳＲは、経営的成果をあげるための社会的課題解決取組である。一方、ＣＳＶはマイケル・ポーター教授が2000年代後半に「経済や社会における市場を大きくしていくためには、経済的な価値だけではなく社会的価値を考慮して企業自らの競争力を高めて実行する必要がある」としたことから始まる。社会性と経済性を両立させ、新たな価値を生む経営がＣＳＶ経営である。そしてＣＳＶ経営を通じてＳＤＧｓに貢献する事業の再構築を今求められているのである。

ＣＳＲとＣＳＶの違いは、ＣＳＲが社会貢献のために既存事業領域外で新たな活動を行うことであるのに対して、ＣＳＶは、企業の事業活動を通じて社会的な課題を解決し「社会的価値」と「事業的価値」を両立させることである点にある。

図表　CSRとCSVの違いおよびSDGsを出発点としたCSV図

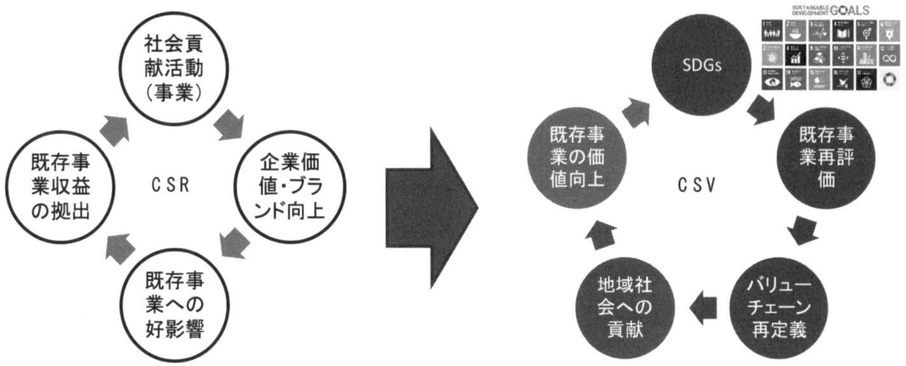

(1)は、「どちらか一方」ではなく「両方」である。よって、誤り。

(2)は、ＣＳＶは「Creating Shared Value」の略で、社会性と経済性を両立させ、新たな価値を生む経営である。よって、誤り。

(3)は、ＣＳＶは自社事業の再評価・バリュー・チェーンの再定義・地域社会への貢献・既存事業価値の向上のサイクルを実行し事業価値を高めるものである。よって、誤り。

(4)は、図のとおり、ＣＳＶを導入する際の解決すべき社会的課題の出発点をＳＤＧｓとすることによりＳＤＧｓと整合性のあるＣＳＶを実現することが可能となる設問記述のとおりである。よって、正しい。

正解　(4)

◆ＥＳＧ関連の情報開示制度

【出題】

ＳＤＧｓに対する取組を投資家等に対して開示することは事業の持続性を確保する上で重要なことである。各国、各国市場におけるＥＳＧ関連情報開示に関する次の記述の中で、誤っているものを一つ選びなさい。

(1)　国際統合報告フレームワークは、企業の財務情報とサステナビリティを含む非財務情報について、投資家等に対し統合的に報告するための枠組みである。

(2)　ＳＡＳＢはアメリカの環境省が策定している開示基準である。

(3)　ＴＣＦＤは、気候変動の影響が企業債務にもたらすリスクと機会を投資家等に報告するための枠組みである。

(4)　ＧＲＩスタンダードはオランダに本社を置く独立した非営利団体が提供するフレームワークである。

▶▶**解説**

図表　主なESG情報開示制度

	TCFD	SASB スタンダード	国際統合報告フレームワーク	GRI スタンダード
策定主体	TCFD ・金融安定理事会（FSB）の下に設置された気候関連財務情報開示タスクフォース	SASB ・アメリカの民間非営利組織	IIRC ・イギリスの民間非営利組織	GRI ・オランダの NGO 団体
概要	気候変動の影響が企業債務にもたらすリスクと機会を投資家等に報告するための枠組み	サステナビリティに係る課題が企業財務にもたらす影響を投資家等に報告するための枠組み	企業の財務情報とサステナビリティを含む非財務情報について、投資家等に対し統合的に報告するための枠組み	企業が経済、環境、社会に与える影響を、投資家を含むマルチステークホルダーに報告するための枠組み
特徴	原則主義	細則主義	原則主義	細則主義
報告内容	ガバナンス 戦略 リスク管理 指標と目標	11 のセクター 77 の業種別に開示項目と KPI を設定	組織概要と外部環境 ガバナンス ビジネスモデル リスクと機会 戦略と資源配分 実績 見通し　等	経済、環境、社会それぞれについて開示項目と KPI を設定

(1)　設問記述のとおり。よって、正しい。

(2)　アメリカの民間非営利組織が策定している開示基準である。よって、誤りである。

(3)　設問記述のとおり。よって、正しい。

(4)　設問記述のとおり。よって、正しい。

正解　(2)

◆ＥＳＧ投資指標

【出題】

機関投資家はＥＳＧ投資をする際にＥＳＧ投資指標を活用している。世界最大級の機関投資家である日本の「年金積立金管理運用独立法人（ＧＰＩＦ）」のＥＳＧ指数を採用する目的と効果に関する次の記述の中で、誤っているものを一つ選びなさい。

⑴　ネガティブな外部性（環境・社会問題等）を最大化することを通じ、ポートフォリオの長期的なリターンの最大化を目指すことは合理的である。

⑵　環境・社会・ガバナンスの要素を投資に考慮することで期待されるリスク低減効果については、投資期間が長期であればあるほど、リスク調整後のリターンを改善する効果が期待できる。

⑶　ＥＳＧ投資の運用資金の拡大は、企業のＥＳＧ評価向上のインセンティブになり、ＥＳＧ対応が強化されれば、長期的な企業価値向上につながる。

⑷　日本企業のＥＳＧ評価向上がＥＳＧ評価を重視する海外資金の流入につながり、日本株のパフォーマンス向上が期待できる。

▶▶***解説*** --

ＰＲＩに署名している世界最大の機関投資家である「年金積立金管理運用独立行政法人（ＧＰＩＦ）」が2017年７月３日に公表した資料「ＥＳＧ指数選定結果について」をもとに以下解説することとする。

ＧＰＩＦは、ＥＳＧ指数を採用する目的として以下の３点を挙げている。

1.　ネガティブな外部性（環境・社会問題等）を最小化することを通じ、ポートフォリオの長期的リターンの最大化を目指すことは合理的であること

2.　環境・社会・ガバナンスの要素を投資に考慮することで期待されるリスク低減効果については、投資期間が長期であればあるほど、リスク調整後のリターンを改善する効果が期待できること

3.　ＥＳＧの要素を考慮した国内株式のパッシブ運用の実現可能性を探ることを目的に、ＥＳＧの効果により、中長期的なリスク低減効果や超過収益の獲

得が期待できること

そしてＥＳＧ投資の拡大で期待される効果として以下の２点を挙げている。

1. ＥＳＧ投資の運用資金の拡大は、企業のＥＳＧ評価向上のインセンティブになり、ＥＳＧ対応が強化されれば、長期的な企業価値向上につながること
2. 日本企業のＥＳＧ評価向上がＥＳＧ評価を重視する海外資金の流入につながり日本株のパフォーマンス向上が期待できること

図表　ESG投資による持続可能な社会の構築循環図

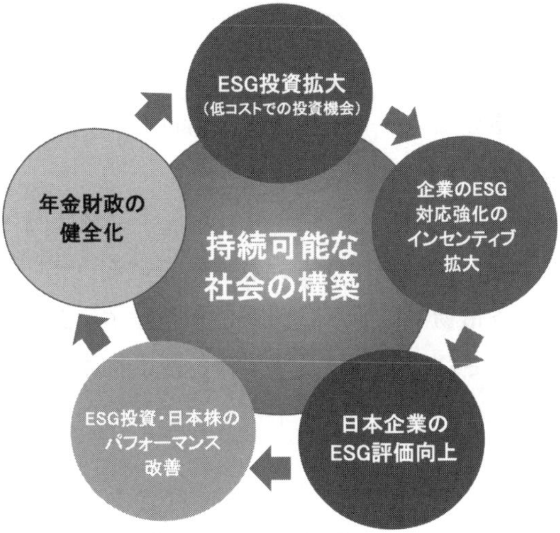

出所：GPIF「ESG指数選定結果について」

(1)は、「ネガティブな外部性（環境･社会問題等）を最大化」ではなく「ネガティブな外部性（環境・社会問題等）を最小化」である。よって、誤り。

(2)は、設問記述のとおりである。よって、正しい。

(3)は、設問記述のとおりである。よって、正しい。

(4)は、設問記述のとおりである。よって、正しい。

正解　(1)

◆海外金融当局、金融機関等の動向①

【出題】

海外でも欧州を中心にＳＤＧｓ・ＥＳＧ金融に対する取組は活発である。海外金融当局等の動向に関する次の記述の中で、誤っているものを一つ選びなさい。

⑴　ＮＧＦＳは、2017年12月に設立された気候関連リスクへの金融監督上の対応の検討を目的とした中央銀行・金融監督当局のネットワークである。

⑵　各国中央銀行は、気候変動が金融システムの不安定化の要因であると認識し、気候変動を考慮したストレステストを計画しているが、まだ実施した実績のある中央銀行はない。

⑶　日本銀行は2021年度中に気候変動がもたらす金融機関への影響について金融庁と共同で分析・検討を行う方針とされている。

⑷　ＥＵや米国等、各市場ではＥＳＧ関連情報の開示に関する法令や、ガイドラインの整備が実施されている。日本では、法的拘束力のないガイダンスや証券取引所によるガイダンスやハンドブックの整備が実施されている。

▶▶***解説*** --

ＮＧＦＳ（Network for Greening the Financial System）とは2017年12月に設立された、気候関連リスクへの金融監督上の対応の検討を目的とした中央銀行・金融監督当局のネットワークである。2021年12月15日現在、105機関のメンバーと16機関のオブザーバーで構成されている。

日本は、2018年6月に金融庁が、2019年11月に日本銀行が参加している。

主な検討テーマとしては、

①　金融機関の監督に気候変動をどのように取り入れていくべきか

②　気候変動が金融システム全体に与える影響をどのように評価すべきか

③　低炭素経済と整合的な金融を拡充していく上での課題

を挙げている。

各国中央銀行は、気候変動が金融システムの不安定化の要因であることを認識し、気候変動を考慮したストレステストを実施または計画している。主な中央銀行の状況を下表にまとめた。

図表　中央銀行による気候変動にかかるストレステストの検討・実施状況

オランダ中央銀行	2018年にオランダ国内にある銀行、保険会社、年金基金を対象に、エネルギーの低炭素化への移行リスクに対するストレステストを実施し、結果を公表
英国中央銀行	2022年1月～3月にストレステスト結果を公表予定
欧州中央銀行	2022年中にストレステスト結果を公表予定
フランス中央銀行	2021年にストレステスト結果を公表予定
FRB	ストレステストの実施を検討
日本銀行	2021年度中に気候変動がもたらす金融機関への影響について金融庁と共同で分析・検討を行う方針

出所：報道資料をもとに作成

(1)は、設問記述のとおりである。よって、正しい。

(2)は、オランダ中央銀行では実施済である。よって、誤り。

(3)は、設問記述のとおりである。よって、正しい。

(4)は、設問記述のとおりである。よって、正しい。

正解　(2)

◆海外金融当局、金融機関等の動向②

【出題】

ＮＧＦＳ（Network for Greening the Financial System）に関する次の記述の中で、正しいものを一つ選びなさい。

(1)　ＮＧＦＳは気候関連リスクへの金融監督上の対応の検討を目的として設立されたネットワークである。

(2)　ＮＧＦＳに日本から参加しているのは金融庁のみである。

(3)　ＮＧＦＳにおいて「低炭素経済と整合的な金融を拡充していく上での課題」は検討テーマに挙げられていない。

⑷ 「中央銀行のポートフォリオ管理のための持続可能な責任投資ガイド(2019年10月公表)」では、中央銀行だけが責任投資（ＳＲＩ）を実践すればＥＳＧリスク等を軽減させることができる、とされた。

▶▶*解説*

⑴は、設問記述のとおり。よって、正しい。

⑵は、日本から参加しているのは金融庁と日本銀行である。よって、誤り。

⑶は、「低炭素経済と整合的な金融を拡充していく上での課題」は検討テーマである。よって、誤り。

⑷は、中央銀行が持続可能な責任投資（ＳＲＩ）を実践することが重要であり、また、他の投資家にＳＲＩの実践を示すことが、重大なＥＳＧリスクとレピュテーションリスクの軽減に貢献する。よって、誤り。

正解 ⑴

◆海外金融当局、金融機関等の動向③

【出題】

環境課題に対する取組に関する次の記述の中で、正しいものを一つ選びなさい。

⑴ 「リユースエコノミー」は、廃棄された製品や原材料などをあらたな「資源」として捉え、廃棄物を出すことなく資源を循環させる仕組みである。

⑵ 自然関連財務情報開示に関するガイドラインや評価ツールを開発するタスクフォースとしてＴＢＦＤが設立されている。

⑶ ブルーエコノミーは、持続可能な海洋経済の構築を目指した取組である。

⑷ 廃プラスチック削減に対する取組は、プラスチックのリサイクルのみである。

▶▶解説

(1)は、サーキュラーエコノミーとは、従来、廃棄されていた製品や原材料などを新たな「資源」として捉え、廃棄物を出すことなく資源を循環させる仕組のことである。リユースからさらに踏み込んだ循環を生むことを目指している。前記のとおり、設問はサーキュラエコノミーに関する説明である。よって、誤り。

(2)は、ＴＢＦＤではなくＴＮＦＤである。気候変動に関するＴＣＦＤと同様に、生物多様性においても「自然関連財務情報開示タスクフォース（ＴＮＦＤ）」が2021年6月正式に発足した。よって、誤り。

(3)は、ブルーエコノミーとは、「持続可能な海洋経済の構築」を目指した取組である。対象は、漁業・養殖業、再生可能エネルギー、廃棄物管理、生物資源探査、海上輸送等、広範にわたる。よって、正しい。

(4)は、機関投資家は、気候変動問題とともに廃プラスチック問題への関心を高めつつあり、プラスチック使用量の開示と削減に関する集団的エンゲージメントも開始されている状況である。対象は、プラスチックのリサイクルやリユースから代替への切替えを含んでいる。よって、誤り。

正解　(3)

3．ＥＳＧ金融を理解する

◆ESG金融とは何か？①

【出題】

ＥＳＧ金融はＳＤＧｓに対する取組を資金面で支える重要な役割を担っている。ＥＳＧ金融に関する次の記述の中で、誤っているものを一つ選びなさい。

(1)　ＥＳＧ金融とは、企業分析・評価を行う上で、長期的な視点を重視し、環境・社会・ガバナンスを考慮した投融資行動のことである。

(2)　ＥＳＧ金融とは､従来の企業の業績や経営状況などの「財務情報」に加え、長期的視点に立脚し、ＥＳＧ要素を考慮した、ＳＤＧＳ達成に貢献する投融資のことである。

(3)　ＥＳＧ金融は、企業のＳＤＧｓに対する取組を加速させ、その結果として企業の持続可能性が高まり、投融資した資金の回収可能性が高まるとしている。

(4)　ＥＳＧ金融を普及させるためには、他社との取組の差別化を図るため、情報の開示は限定的にすることが望ましい。

▶▶*解説* --

ＥＳＧ金融とは、企業分析・評価を行う上で長期的な視点を重視し、環境(Environment)、社会（Social)、ガバナンス（Governance）情報を考慮した投融資行動をとることを求める取組である。従来の企業の業績や経営状況などの「財務情報」に加え、長期的視点に立脚し、ＥＳＧ要素を考慮したＳＤＧｓ達成に貢献する投融資のことである。

ＥＳＧ金融は、企業のＳＤＧｓに対する取組を加速させ、結果として企業の持続可能性が高まり、投融資した資金の回収可能性が高まる、その結果として金融機関の健全性にも好影響を与えるという好循環を生む。

図表　ESG金融が生む好循環

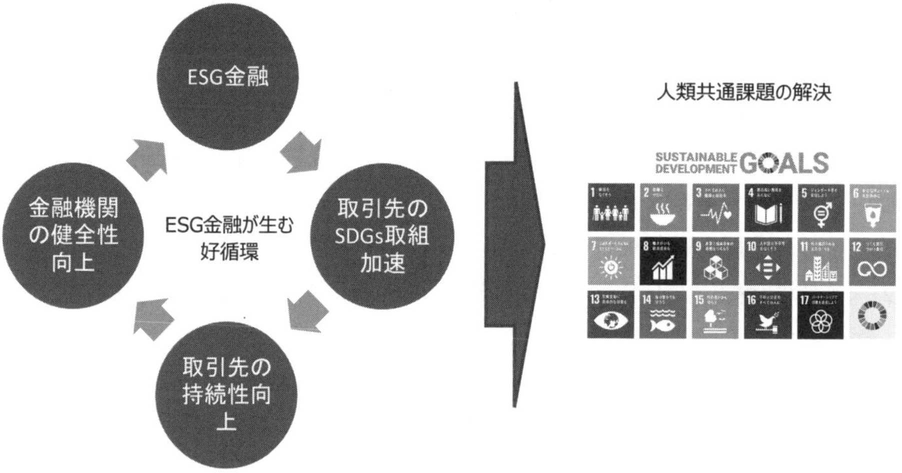

⑴　ＥＳＧ金融とは、企業分析・評価を行う上で、長期的な視点を重視し、環境・社会・ガバナンスを考慮した投融資行動のことである。よって、正しい。

⑵　ＥＳＧ金融は、企業の業績や経営状況などの財務情報に加え、長期的視点に立脚し、ＥＳＧ要素を考慮した、ＳＤＧｓ達成に貢献する投融資である。よって、正しい

⑶　事業を通じた社会課題の解決はその企業の持続可能性が高まり、投融資した資金の回収可能性が高まるとしている。よって、正しい。

⑷　ＥＳＧ金融を普及させるためには、投資家、金融機関、企業の三者が適切に情報を共有し、共有された情報に基づく対話をするという関係の構築が重要である。よって、誤りである。

正解　⑷

◆ESG金融とは何か？②

【出題】

ＥＳＧ金融は、企業評価・分析の際、Ｅ(環境)・Ｓ(社会)・Ｇ（ガバナンス）の視点を重視する投融資行動である。次のＥＳＧ金融に関する記述の中で、正しいものを一つ選びなさい。

(1)　ＥＳＧ金融は、投融資の際、財務情報を一切参考としない。

(2)　ＥＳＧ金融は、ＥＳＧ要素を短期的な視点に立脚して投融資判断することが最善である。

(3)　ＥＳＧ金融を普及させるためには、投資家、金融機関、企業の三者がＥＳＧおよびＳＤＧｓを理解し、適切に情報を開示しそれに基づいた対話を行い、投融資判断をする基盤が必要である。

(4)　ＥＳＧ金融は、取引先にとっては意義があるが、金融機関にとっての意義は通常の投融資と同じである。

▶▶*解説* --

(1)は、ＥＳＧ金融は、財務情報・長期的な視点・ＥＳＧ要素から構成される。よって、誤り。

(2)は、「ＥＳＧ要素を長期的な視点に立脚して投融資判断すること」である。よって、誤り。

(3)は、設問記述のとおりである。よって、正しい。

(4)は、金融機関にとってＥＳＧ金融への取組はその金融機関の持続性を増進するものである。よって、誤り。

正解　(3)

◆地域金融機関に求められる役割

【出題】

環境省の「ＥＳＧ金融に関する施策について」では、ＥＳＧ融資促進策に関する提言が記載されており、地域金融機関の果たす役割が非常に大きく期待されている。地域金融機関に求められる役割に関する次表中の空欄①～④に当てはまる語句の組合せとして、正しいものを一つ選びなさい。

目標	地域金融機関に求められる役割
地域ＥＳＧ金融による地域における「社会・経済課題」の解決	【体制・人材】 ・（　①　）融資、本業支援に取組むための、（　②　）の視点からアプローチできる体制、人材の整備 【課題解決型事業の創出】 ・地域のＥＳＧ課題を掘り起こし、事業構築への関与、協力 ・地域循環共生圏の創出に向け“Ｅ”に着目した地域金融の推進 【ＥＳＧ経営の普及】 ・中小企業に対するESG経営取組の重要性の認識の醸成 【（　③　）連携】 ・（　③　）との連携によるＥＳＧ地域金融の推進
ＥＳＧ融資の一層の普及	【取引先支援】 ・融資先企業の（　④　）の優位性の見える化と事業基盤拡大への支援 【金融機関の取組姿勢】 ・ＥＳＧ融資を重要な経営戦略の一つとして位置づける
脱炭素社会実現	【情報開示の充実】 ・金融機関自身の脱炭素に向けた取組の積極的な情報開示 ・気候変動関連課題解決のためのＥＳＧ融資の定量的な把握と開示

(1)　①事業性評価　②地域　③NGO　④財務面

(2)　①社会性評価　②地域　③自治体　④非財務面

(3)　①社会性評価　②ＥＳＧ／ＳＤＧｓ　③自治体　④財務面

(4)　①事業性評価　②ＥＳＧ／ＳＤＧｓ　③自治体　④非財務面

▶▶**解説**

目標	地域金融機関に求められる役割
地域ＥＳＧ金融による地域における「社会・経済課題」の解決	【体制・人材】 ・（①事業性評価）融資、本業支援に取組むための、（②ＥＳＧ／ＳＤＧｓ）の視点からアプローチできる体制、人材の整備 【課題解決型事業の創出】 ・地域のＥＳＧ課題を掘り起こし、事業構築への関与、協力 ・地域循環共生圏の創出に向け“E”に着目した地域金融の推進 【ＥＳＧ経営の普及】 ・中小企業に対するＥＳＧ経営取組の重要性の認識の醸成 【（③自治体）連携】 ・（③自治体）との連携によるＥＳＧ地域金融の推進
ＥＳＧ融資の一層の普及	【取引先支援】 ・融資先企業の（④非財務面）の優位性の見える化と事業基盤拡大への支援 【金融機関の取組姿勢】 ・ＥＳＧ融資を重要な経営戦略の一つとして位置づける
脱炭素社会実現	【情報開示の充実】 ・金融機関自身の脱炭素に向けた取組の積極的な情報開示 ・気候変動関連課題解決のためのＥＳＧ融資の定量的な把握と開示

よって、⑷が正しい。

正解　⑷

◆日本のＥＳＧ金融

【出題】

日本においてもグリーンボンド、グリーンローン、サステナビリティ・リンク・ローンを通じたＥＳＧ金融が増加している。グリーンボンド、グリーンローン、サステナビリティ・リンク・ローンに関する次の記述の中で、正しいものを一つ選びなさい。

(1) グリーンボンドの資金使途は、その調達資金の一部がグリーンプロジェクトに利用されればよいとされている。

(2) グリーンボンドは、資金使途の違いにより４種類に分類されている。

(3) グリーンローン原則によれば、５つの核となる要素に適合している必要がある。

(4) サステナビリティ・リンク・ローンの特徴は、ＳＰＴｓ（野心的なサステナビリティ・パフォーマンス・ターゲット）の達成と貸出条件等との連動である。

▶▶*解説*

(1)は、グリーンボンドは企業や自治体等が、グリーンプロジェクト（再生可能エネルギー事業、省エネ建築物の建設・改修、環境汚染の防止・管理など）に要する資金を調達するために発行する債券である。グリーンボンドの資金使途は「グリーンプロジェクト」に限定されている。よって、誤り。

(2)は、グリーンボンド原則では、償還原資の違いによりグリーンボンドの種類を４つに分類している。「資金使途」ではなく「償還原資」である。よって、誤り。

(3)は、グリーンローン原則（ＧＬＰ）によれば、グリーンローンとは、「調達資金のすべてが、新規または既存の適格なグリーンプロジェクトの全部または一部の初期投資またはリファイナンスのみに充当されるローンである。」としている。グリーンローン原則によれば、４つの核となる要素（調達資金の使途、プロジェクトの評価と選定のプロセス、調達資金の管理、レポーティング）に適合していなければならないとしている。よって、誤り。

(4)は、借り手のサステナビリティ経営の高度化を支援するため、野心的なサステナビリティ・パフォーマンス・ターゲット（ＳＰＴｓ）の達成を貸出条件等と連動させる融資である。国際的に共通の仕組は存在しないが、「サステナビリティ・リンク・ローン原則（ＬＭＡ）」が広く認知されている。よって、正しい。

正解　(4)

図表　グリーンボンドの種類

Standard Green Use of Proceeds Bond	特定の財源によらず、発行体全体のキャッシュフローを原資として償還を行う。
Green Revenue Bond	調達資金の充当対象となる公的なグリーンプロジェクトのキャッシュフローや、当該充当対象に係る公共施設の利用料、特別税等を原資として償還を行う。 例えば、外郭団体が行う廃棄物処理事業に必要な施設の整備や運営等を資金使途とし、当該事業の収益のみを原資として償還を行う債券がこれに該当する。
Green Project Bond	調達資金の充当対象となる単一又は複数のグリーンプロジェクトのキャッシュフローを原資として償還を行う。 例えば、専ら再生可能エネルギー発電事業を行うSPCが発行する、当該事業に必要な施設の整備や運営等を資金使途とし、当該事業の収益のみを原資として償還を行う債券がこれに該当する。
Green Securitized Bond	グリーンプロジェクトに係る通常複数の資産（融資債権、リース債権、信託受益権等を含む。）を担保とし、これらの資産から生まれるキャッシュフローを原資として償還を行う。 例えば、ソーラーパネル、省エネ性能の高い機器、設備、住宅等、電気自動車や水素自動車等の低公害車などに係る融資債権等を裏付けとするABS（資産担保証券）等がこれに該当する。

出所：グリーンボンド発行促進プラットフォーム

◆ＥＳＧ地域金融

【出題】

2020年４月、ＥＳＧ地域金融を普及させるため「ＥＳＧ地域金融実践ガイド」が公表された。同ガイドのＥＳＧ地域金融の本質に関する次の記述の中で、正しいものを一つ選びなさい。

(1) ＥＳＧ地域金融の本質とは、地域資源・課題を把握し、ＥＳＧ要素に起因する地域や企業への影響（ＥＳＧ機会とリスク）を短期的に見据え、企業を発掘し、課題・価値や地域のニーズを踏まえた事業性評価を行い、これに基づき融資・本業支援を行うことである。

(2) ＥＳＧ地域金融の効果として、地域循環共生圏を構築し、地域経済の一時的な発展に貢献し、地域金融機関自身の持続可能なビジネスモデル構築にも役立つことが挙げられる。

(3) ＥＳＧ地域金融において、地域金融機関は地域社会のニーズを把握している自治体のみと連携することでその目標を達成することが可能であるとしている。

(4) 地域金融機関がＥＳＧ金融に取り組むことで、地域循環共生圏づくりに貢献し、また、ＳＤＧｓやSociety5.0の実現にもつながる。

▶▶解説

2020年４月に環境省は、ＥＳＧ地域金融を普及させるため「ＥＳＧ地域金融実践ガイド－ＥＳＧ要素を考慮した事業性評価に基づく融資・本業支援のすすめ－」を公表した。同ガイドでは、ＥＳＧ地域金融の本質を「地域資源・課題を把握し、ＥＳＧ要素に起因する地域や企業への影響（ＥＳＧ機会とリスク）を中長期的に見据え、企業を発掘し、課題・価値や地域のニーズを踏まえた事業性評価を行い、これに基づき融資・本業支援を行うこと」であるとしている。そしてＥＳＧ地域金融の効果として「地域共生圏を構築し、地域経済の持続可能な発展に貢献し、地域金融機関自身の持続可能なビジネスモデル構築にも役立つ」としている。

図表　ESG地域金融循環図

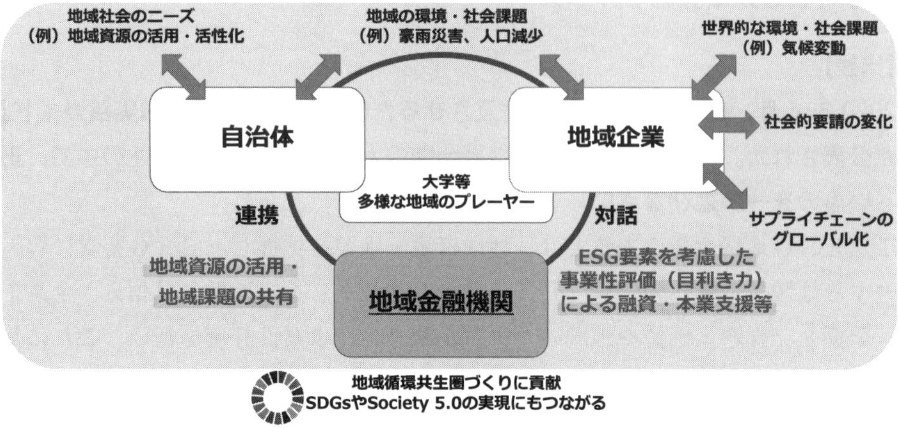

出所：環境省　ESG地域金融実践ガイド（2020年4月）p.9

⑴　ＥＳＧ地域金融の本質とは、地域資源・課題を把握し、ＥＳＧ要素に起因する地域や企業への影響（ＥＳＧ機会とリスク）を中長期的に見据え、企業を発掘し、課題・価値や地域のニーズを踏まえた事業性評価を行い、これに基づき融資・本業支援を行うことである。よって、誤りである。

⑵　ＥＳＧ地域金融の効果として、地域循環共生圏を構築し、地域経済の持続可能な発展に貢献し、地域金融機関自身の持続可能なビジネスモデル構築にも役立つ。よって、誤りである。

⑶　自治体、地域企業、大学等の多様な地域のプレイヤーとの対話や連携が必要である。よって、誤りである。

⑷　設問記述のとおり。よって､正しい(環境省｢ＥＳＧ地域金融実践ガイド｣)。

正解　⑷

４．ＳＤＧｓとＥＳＧ金融の実践

◆ＥＳＧ金融の実践

【出題】

ＥＳＧ金融の取組はＳＤＧｓやＥＳＧの視点からサービスや事業の再定義を行うことから始まる。ＥＳＧ金融の実践に関する次の記述の中で、正しいものを一つ選びなさい。

(1)　ＥＳＧ金融を実践する際には、ＣＳＲの観点からアプローチする必要がある。

(2)　ＥＳＧ金融を実践する際には、ステークホルダーへのインパクトを考慮する必要はない。

(3)　ＥＳＧ金融を実践する際には、対外公表することを考慮する必要はない。

(4)　ＥＳＧ金融を実践する際には、顧客にＳＤＧｓやＥＳＧの重要性を理解してもらうことが重要である。

▶▶解説 --

最初に取組むべきことは、ＣＳＶによるＳＤＧｓ・脱炭素（パリ協定）を起点とした既存事業の再評価である。

(1)は、ＣＳＶの観点からアプローチする必要がある。よって、誤り。

(2)は、ステークホルダーへのインパクトを考慮する必要がある。よって、誤り。

(3)は、対外公表を前提にモニタリング体制を整備する必要がある。よって、誤り。

(4)は、設問記述のとおり。よって、正しい。

正解　(4)

図表　CSVサイクル

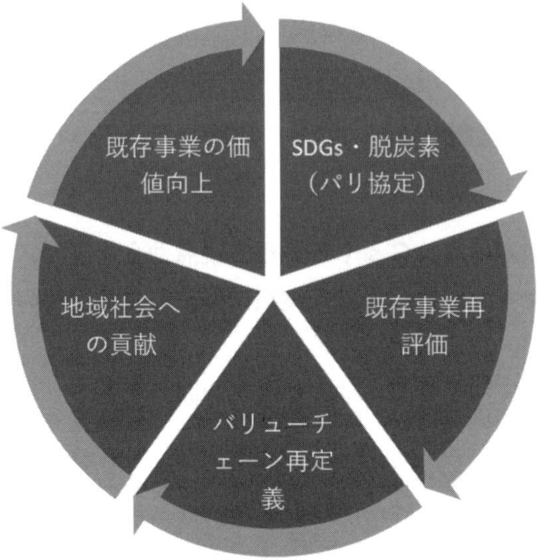
既存事業の価値向上
SDGs・脱炭素（パリ協定）
既存事業再評価
バリューチェーン再定義
地域社会への貢献

図表　ESG金融商品化循環図

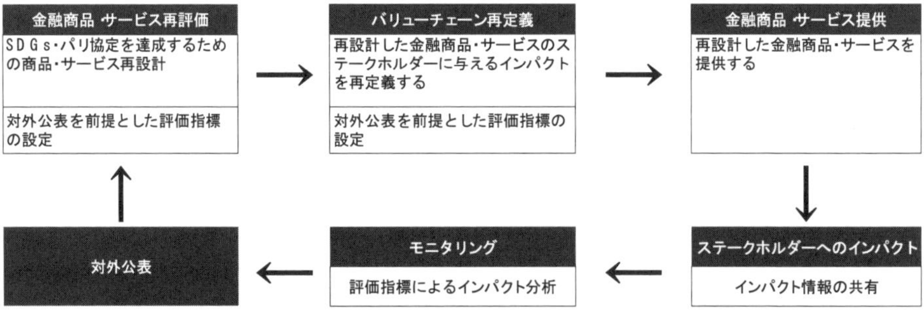
金融商品 サービス再評価
SDGs・パリ協定を達成するための商品・サービス再設計
対外公表を前提とした評価指標の設定
バリューチェーン再定義
再設計した金融商品・サービスのステークホルダーに与えるインパクトを再定義する
対外公表を前提とした評価指標の設定
金融商品 サービス提供
再設計した金融商品・サービスを提供する
ステークホルダーへのインパクト
インパクト情報の共有
モニタリング
評価指標によるインパクト分析
対外公表

◆ＥＳＧ金融商品

【出題】

既存金融商品のＥＳＧ金融商品化に関する次の記述の中で、誤っているものを一つ選びなさい。

(1)　ＳＤＧｓの視点から地域課題を定義し、既存の金融商品を再設計することは有効である。

(2)　ＥＳＧ金融商品化に際しては、その金融商品のインパクトを測定する指標が必要である。

(3)　ＥＳＧ金融商品の効果のモニタリングは手間がかかるため不要である。

(4)　グリーン預金や移住者向けローン等脱炭素や地域活性化に貢献するＥＳＧ金融商品が販売されている。

▶▶*解説* --

(1)は、地方自治体におけるパートナーシップ制度導入に合わせてLGBTローンを取り扱う金融機関が増えているように、設問記述のとおり有効な策といえる。よって、正しい。

(2)は、前ページ図表のとおり、モニタリング時のインパクト分析のためには指標が求められる。よって、正しい。

(3)は、ＥＳＧ金融商品は継続的にその効果をモニタリングし公表すべきである。よって、誤り。

(4)は、設問記述のとおりである。よって、正しい。

正解　(3)

第２章

金融機関による地域活性化とＥＳＧ金融

カリキュラム	出題	
	第80回	第81回
第1章　日本の産業構造変化とSDGs		
1　日本経済の概況		
1　世界における日本経済のプレゼンス		
2　日本の産業構造と労働生産性	●	
3　人口減少・少子高齢化の進展	●	●
4　エネルギーの対外依存リスク	●	●
5　食料の対外依存リスク		●
2　経済・社会の変化と日本の課題		
1　デジタル革新の潮流		
2　Society5.0でめざす人間中心の社会	●	
3　インバウンドと観光需要		
4　求められる新しい生活様式		
5　グリーン成長戦略と2050年カーボンニュートラル	●	
第2章　地域活性化とESG地域金融		
1　地域経済の創造とSDGs		
1　地域活性化の推進		
2　Society5.0と地方創生SDGs	●	
3　環境未来都市・環境モデル都市・SDGs未来都市	●	●
2　地域循環共生圏とESG地域金融		
1　地域循環共生圏とは		
2　地域金融機関に期待される役割		
3　ESG地域金融	●	●
4　ESG金融の推進	●	
3　ESG地域金融の事例と新たな産業創出		
1　ESG地域金融の産業別事例		

(1) 農業・林業		●
(2) 漁業		
(3) 製造業		●
(4) 電気・ガス・熱供給・水道業	●	
(5) 金融・保険業	●	
(6) 不動産業	●	
(7) 学術研究・専門技術サービス業		
(8) 宿泊業・飲食サービス業		
(9) 医療・福祉	●	
(10) その他サービス業		●
(11) 公務		
2 新たな産業創出への期待	●	●
3 グリーンイノベーション		
第3章 SDGs時代の地域金融機関に求められる姿勢と役割		
1 取引先への支援とSDGs		
1 事業活動とSDGs	●	●
2 ESG地域金融実践の流れ	●	
(1) ESG地域金融のフロー		
(2) ESG地域金融のための事業性評価・支援の流れ		
3 ESG地域金融実践ガイド2.0		●
(1) 経営者に求められる事項		
(2) ESG地域金融の実践における3つのアプローチ		
(3) ESG地域金融の実践における4つの共通事項		
(4) 取組の有機的結合のための仕組み化		
4 事業性評価	●	●
5 営業推進とコンサルティング		
6 金融デジタライゼーション	●	●

2　組織のあり方とガバナンス	●	●
1　採用や人材育成への活用		
2　業績評価への反映		
3　金融機関としてのESG対応のレベルアップ	●	
3　今後に向けて		
1　金融アクセスと金融包摂		●
2　様々なステークホルダーとの連携・協業	●	

●印は出題箇所

1．日本の産業構造変化とＳＤＧｓ

◆日本の産業構造と労働生産性

【出題】

日本経済の状況はこの40年で大きく変化した。日本経済停滞の原因と考えられる、成長を牽引する産業の不在や、生産性向上への取組の遅れに関する次の記述中の空欄①～④に入る語句の組合せとして、正しいものを一つ選びなさい。

かつての日本では、（　①　）産業を中心とした製造業が経済成長を牽引していたが、（　②　）年以降は生産性・労働投入成長率の高い産業が不在の状態が続いている。今後さらに高齢化が進むことにより、生産性・労働投入成長を見込みにくい（　③　）分野などへの労働投入の増加が予想されている。（　④　）中心の産業にシフトしていくことにより、経済成長率はさらに低下する恐れがある。

(1)	①電気・電子	②1990	③スマートものづくり・情報化・情報	④内需
(2)	①自動車	②2000	③スマートものづくり・情報化・情報	④外需
(3)	①電気・電子	②2000	③医療・社会保障・社会福祉	④内需
(4)	①半導体	②1990	③医療・社会保障・社会福祉	④外需

▶▶***解説*** --

日本経済の状況はこの40年で大きく変化した。かつては経済規模で世界第2位を誇った日本は、経済統合したＥＵ、経済成長を遂げた中国に追い越され、経済規模は第4位となっている。1980年代には「ジャパン・アズ・ナンバーワン」とまで称えられた日本の世界経済におけるプレゼンスは縮小する一方である。

わが国の名目ＧＤＰは、平成30（2018）暦年には4兆9,564億ドルとなり、世界のＧＤＰに占める比率は5.7％となった。わが国の一人当たりの名目ＧＤＰは、平成30（2018）暦年には3万9,182ドルとなり、ＯＥＣＤ加盟国の中で第20位となった。世界のＧＤＰにおいて日本の占める比率は、1980年の9.8％から、1995年には17.6％まで拡大したが、2010年には8.5％に縮小している。さらに将来を見据えると、急成長しつつある中国・インド・他アジア諸国など新興国が台頭することから、ＩＭＦの予測によると、日本経済のＧＤＰシェアは2050年には2.8％まで低下すると見込まれている（内閣府「選択する未来」（平成27年10月））。アジア諸国のドルベースの名目ＧＤＰの比較では、中国の伸びが顕著であり、1人あたり名目ＧＤＰ（ドルベース）で見ると、シンガポールが日本を上回っている（国土交通省「国土政策関連データ（過去50年間の推移等）」（平成25年11月））。

わが国の経済停滞の原因として考えられるのが、成長を牽引する産業の不在や、生産性向上への取組の遅れである。

かつての日本では、電気・電子産業を中心とした製造業が経済成長を牽引していたが、2000年以降は生産性・労働投入成長率の高い産業が不在の状態が続いている。今後さらに高齢化が進むことにより、生産性・労働投入成長を見込みにくい医療・社会保障・社会福祉分野などへの労働投入の増加が予想されている。内需中心の産業にシフトしていくことにより、経済成長率はさらに低下する恐れがある。

よって、(3)が正解である。

正解　(3)

◆人口減少・少子高齢化の進展

【出題】

日本で地方創生と関連づけてＳＤＧｓが推進される背景の一つとして、日本の人口減少・少子高齢化がある。2021 年１月１日時点の日本の人口に関する次の記述の中で、誤っているものを一つ選びなさい。

(1) 内閣府の調査によると、45 歳以上の人口が全国人口の過半数を占めている。

(2) 内閣府の調査によると、日本の首都圏（東京大都市圏）への人口集中度は極めて高いが、諸外国で日本のように首都圏に 25％を超えて人口が集中している国としては、米国、イタリアが挙げられる。

(3) 内閣府の調査によると、全国人口を年少人口（15 歳未満）、生産年齢人口（15 歳以上 65 歳未満）および老年人口（65 歳以上）の３区分に分けると、老年人口は年少人口の２倍以上に上っている。

(4) 内閣府の調査によると、人口が多い都道府県は、東京都、神奈川県、大阪府、愛知県、埼玉県、千葉県、兵庫県、北海道で、この８都道府県で全国人口の半数以上を占めている。

▶▶*解説*

日本の人口は 2021 年１月１日時点で１億 2,665 万 4,244 人となっており、12 年連続で減少している。前年からの減少数は 48 万 3,789 人である。出生者数は調査開始以来最少、死亡者数は調査開始以来最多となり、出生数と死亡数の差である自然減少数も 13 年連続で拡大した。

人口を年齢階級（5 歳階級）別に見ると、人口の最も多い年齢階級は 45 ～ 49 歳（992 万 1,268 人、全国人口の 7.83％）で、次いで 70 ～ 74 歳（933 万 7,199 人、全国人口の 7.37％）、50 ～ 54 歳（880 万 2,532 人、全国人口の 6.95％）の順となっている（日本人住民と外国人住民の総計）。前年に引き続き、45 歳以上の人口で全国人口の過半数（6,991 万 3,924 人、55.20％）を占めている（総務省「住民基本台帳に基づく人口、人口動態及び世帯数（令和３年１月１日現在)」(2021年8月))。全国人口を年少人口(15歳未満)、生産年齢人口(15歳以上65歳未満)および老年人口(65歳以上)の3区分に分けると、年少人口が1,531万9,131人で12.10%、生産年齢人口が7,556万6,552人で59.66%、老年人口が3,576万8,503人で28.24%となる。年少人口は調査開始(1994年)以降毎年減少しており、生産年齢人口も1995年を除いて毎年減少している状況にある。

また、都道府県別の人口動態を見ると、人口が多い都道府県は、東京都、神奈川県、大阪府、愛知県、埼玉県、千葉県、兵庫県、北海道で、この8都道府県で全国人口の半数以上(50.48%)を占めている(前記総務省データ)。

(1) 上記のとおり、45歳以上の人口で全国人口の過半数(6,991万3,924人、55.20%)を占めている。よって、正しい。

(2) 内閣府「選択する未来2.0中間報告　参考資料」(2020年7月)によれば、日本の首都圏への人口集中度は極めて高く、諸外国では日本のように首都圏に人口が集中している国は存在しない。よって、誤りである。

(3) 上記のとおり年少人口が1,531万9,131人で12.10%、老年人口が3,576万8,503人で28.24%であり、老年人口は年少人口の2倍以上に上る。よって、正しい。

(4) 内閣府総務省「住民基本台帳に基づく人口、人口動態及び世帯数(令和3年1月1日現在)」(2021年8月)によれば、東京都、神奈川県、大阪府、愛知県、埼玉県、千葉県、兵庫県、北海道の8都道府県で、全国人口の半数以上(50.48%)を占める。よって、正しい。

正解　(2)

◆エネルギーの対外依存リスク

【出題】

日本でSDGsが推進される背景の一つとして、日本のエネルギー源の対外依存がある。日本のエネルギー源の対外依存に関する次の記述の中で、正しいものを一つ選びなさい。

(1) 資源エネルギー庁「日本のエネルギー2019」によれば、日本は石炭や

LNG（天然ガス）をオーストラリア、ロシア、アジア、オセアニア、中東地域などから輸入している。

(2) 資源エネルギー庁「日本のエネルギー2019」によれば、日本のエネルギー自給率は約30%であり、国際的には中位の水準にある。

(3) 資源エネルギー庁「日本のエネルギー2019」によれば、日本が輸入する化石燃料の中では、石炭の割合が最も多い。

(4) 資源エネルギー庁「日本のエネルギー2019」によれば、日本が原油を最も多く輸入している相手国はロシアである。

▶▶解説

資源エネルギー庁「日本のエネルギー2019」によれば、日本のエネルギーは約9割が化石燃料でまかなわれており、そのほとんどを輸入に頼っている。2018年の日本のエネルギー自給率は11.8%であり、国際的にも低い水準にとどまっている。また、化石燃料依存度は85.5%である。その内訳は石油37.6%、石炭25.1%、LNG（天然ガス）22.9%などとなっている。2019年12月に開催された国連気候変動枠組条約締結会議（ＣＯＰ25）において日本の環境相が演説した内容に対し、ＮＧＯの気候変動ネットワーク（ＣＡＮ）が2回目となる「化石賞」を贈ったことは記憶に新しい。「化石賞」は地球温暖化対策に後ろ向きな国に贈られる賞で、脱石炭や温室効果ガス排出削減目標を引き上げる意思を示さなかったことが授賞理由となった。

(1) 資源エネルギー庁「日本のエネルギー2019」によれば、石炭やLNGはオーストラリアやロシア、アジア、オセアニア、中東地域などに依存している。よって、正しい。

(2) 上記のとおり、資源エネルギー庁「日本のエネルギー2019」によれば、2018年の日本のエネルギー自給率は11.8%であり、国際的にも低い水準にとどまっている。よって、誤りである。

(3) 上記のとおり石油の割合が一番高い、よって、誤りである。

(4) 資源エネルギー庁「日本のエネルギー2019」によれば、原油は約88%を中東地域に依存している。よって、誤りである。

正解 (1)

◆食料の対外依存リスク

【出題】

ＳＤＧｓは、すべての人々の生命の維持や健康と福祉の確保を目標に掲げている。食料は人間の生命の維持に不可欠なものであり、かつ、健康で充実した生活の基礎として重要なものであるため、将来にわたり良質な食料を合理的な価格で入手することが必要とされている。近年の日本の食糧自給に関する次の記述の中で、誤っているものを一つ選びなさい。

(1) わが国の「食料・農業・農村基本法」では、国民に対する安定的な食料供給のため、輸入の増大を図ることと、輸出および備蓄を適切に組み合わせることが謳われている。

(2) 米の消費量が減少し続け、畜産物・油脂類の消費量が増大するという食生活の変化に伴い、食糧自給の長期的な低下傾向が続いている。

(3) 2020 年度の食料自給率は、カロリーベースで 37%、生産額ベースで 67% となっており、これは、諸外国と比較し、カロリーベース・生産額ベースともに低い水準である。

(4) 米、水産物、野菜その他品目の国産熱量の減少拡大や、高齢化による１人１日当たりの供給熱量の減少、小麦、大豆などの国内生産量の増加が一定にとどまっていることなどから、今後の食料自給率の大幅な上昇は見込みにくい状況となっている。

▶▶*解説*

食料は人間の生命の維持に不可欠なものであり、かつ、健康で充実した生活の基礎として重要なものであるため、将来にわたり良質な食料を合理的な価格で入手することが必要とされる。1999 年 7 月に公布・施行された「食料・農業・農村基本法」では、国民に対する安定的な食料供給のため、国内の農業生産の増大を図ることと、輸入および備蓄を適切に組み合わせることが謳われている。日本の食料自給率は、カロリーベースで 37%、生産額ベースで 67% となっている（2020 年度）。これは、諸外国と比較し、カロリーベース・生産額ベースともに低い水準である。さらに、米の消費量が減少し続け、畜産物・油脂類の消費量が増大するという食生活の変化に伴い、長期的に低下傾向が続いている。令和12年度までにカロリーベースで45%、生産額ベースで75%まで高めるという目標が掲げられている。

農業者の高齢化、農地面積の減少等が進む中で、食料自給率を向上させるためには、農業のあり方や担い手の見直しを含む、持続可能性の向上が求められる。合わせて、消費面に関しても、消費者が国内農業振興の意義や役割を理解し、積極的に国産農産物を消費するよう後押しすることで、国産農産物の需要拡大を図ることも重要といえる。

(1)「輸入の増大を図ることと、輸出および備蓄を適切に組み合わせること」ではなく、「国内の農業生産の増大を図ることと、輸入および備蓄を適切に組み合わせること」が謳われている。よって、誤り。

(2)は上述のとおり、設問記述のとおりである。よって、正しい。

(3)は上述のとおり、設問記述のとおりである。よって、正しい。

(4)は上述のとおり、設問記述のとおりである。よって、正しい。

正解　(1)

◆デジタル革新の潮流

【出題】

世界におけるＩＣＴ（Information and Communication Technology）の発展は加速し、その対応如何がこれからの日本経済に大きな影響を与えると考えられるが、世界や日本のデジタル革新の潮流に関する次の記述のうち、誤っているものを一つ選びなさい。

(1)　米国国防総省により当初は軍事利用のために開発されたＡＲＰＡnetを起源とするインターネットは、日本においては、1984年に学術目的で利用開始され、1995年前後から広く一般に普及した。

(2)　日本においてはインターネットの利用端末は、当初はパソコンからの利用が多かったが、携帯電話が普及し、さらに2000年代後半にスマートフォンが普及したことで、2010年にはモバイル端末がパソコンを上回った。

(3) 日本のＩＣＴ関連製造業は、1985年頃までは、生産額・輸出額共に増加傾向にあり「電子立国」とも称されるほどであったが、2010年代以降衰退に転じ、2018年には貿易収支赤字に転じている。

(4) 実質ＧＤＰの国際ランキングの１位は米国で、その特徴は製造業の占める割合が低く、代わりに不動産、サービス業などその他部分の占める割合が高い。

▶▶解説

(1) 米国国防総省により当初は軍事利用のために開発されたＡＲＰＡｎｅｔを起源とするインターネットは、日本においては、1984年に学術目的で利用開始され、1995年前後から広く一般に普及した。日本では1999年に商用開始したデータ通信用のＡＤＳＬ回線の登場以来、インターネット利用率は10年間で80％近くまで伸びた。よって、正しい。

(2) インターネットの利用端末は、当初はパソコンからの利用が多かったが、携帯電話が普及し、携帯電話からインターネット上の情報サービスを利用できるＮＴＴドコモ社の「iモード」などが普及すると、モバイル端末からの利用率が高まっていった。さらに、2008年に日本でも「iPhone」の発売が開始されると、一気にスマートフォンが普及し、インターネット利用機器も2010年にはモバイル端末がパソコンを上回った。よって、正しい。

(3) 「2000年代以降衰退に転じ、2013年には貿易収支赤字に転じている」が正しい。よって、誤りである。

(4) 実質ＧＤＰの国際ランキング（2017年）では、日本は米国の半分以下、中国に次ぐ３位となり、ＧＤＰのうち製造業の占める割合では中国が40％と高い一方、米国は11％と、他国と比べて製造業が占める割合は低く、不動産、サービス業などその他部分が占める割合が高くなっている。よって、正しい。

正解 (3)

◆Society5.0 でめざす人間中心の社会

【出題】

ＳＤＧｓは人類に普遍的で恒久的な社会的課題の解決を目指しているが、内閣府はこれに通じるものとして、新たな価値で経済発展と社会的課題解決の両立を目指す「Society5.0」を提唱している。「Society 5.0」に関する次の図表中の空欄①～④に入る語句の組合せとして、正しいものを一つ選びなさい。

図表　Society5.0 のしくみ

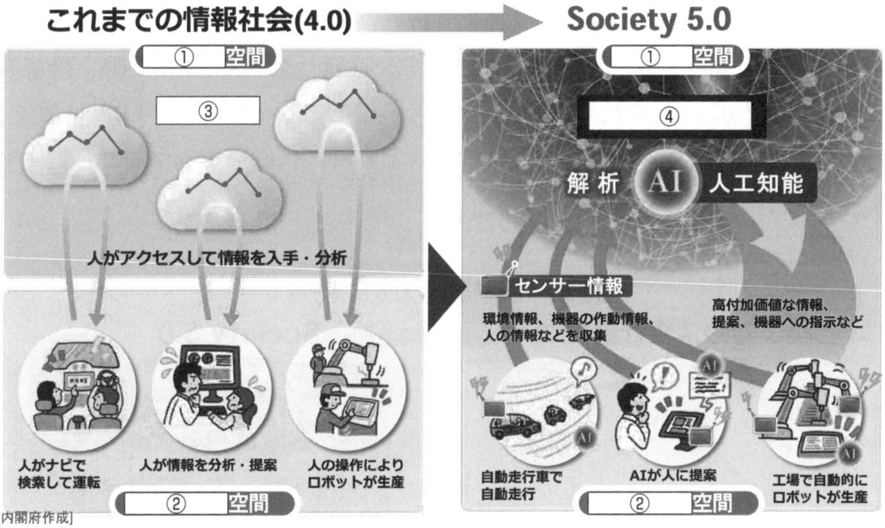

出所：内閣府　科学技術政策　Society5.0 「Society5.0 のしくみ」をもとに作成

(1)　①フィジカル　②サイバー　③クラウド　④ビッグデータ

(2)　①サイバー　②フィジカル　③クラウド　④ビッグデータ

(3)　①サイバー　②フィジカル　③デジタルデータ　④衛星データ

(4)　①フィジカル　②サイバー　③クラウド　④衛星データ

▶▶解説

人口減少・少子高齢化や地方の過疎化の進行、経済的格差の広がりなど、日本は様々な課題を抱えている。さらに2000年代以降は大きな地震や豪雨などの自然災害の多発も深刻である。なんらかの手を打たなければ今後ますます課題が深刻化することは避けられないことから、内閣府は、情報を収集し活用する現在の情報社会からさらに進んだ社会のあり方として、「Society 5.0」を提唱している。

「Society 5.0」とは、「サイバー空間（仮想空間）とフィジカル空間（現実空間）を高度に融合させたシステムにより、経済発展と社会的課題の解決を両立する、人間中心の社会（Society)」を指す。狩猟社会（Society 1.0)、農耕社会（Society2.0)、工業社会（Society 3.0)、情報社会（Society 4.0）に続く、新たな社会を指すもので、第5期科学技術基本計画において我が国が目指すべき未来社会の姿として初めて提唱された。

図表　Society5.0のしくみ

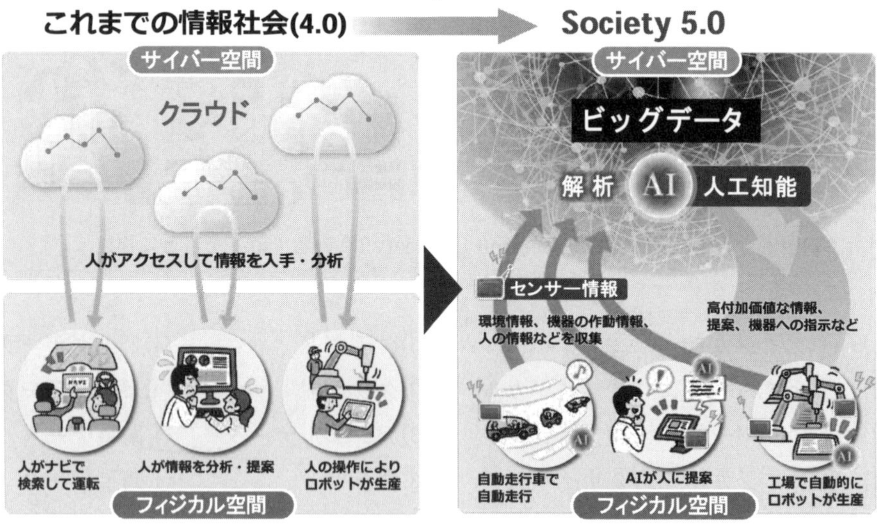

出所：内閣府　科学技術政策　Society5.0「Society5.0とは」

よって(2)が正解である。

正解　(2)

◆求められる新しい生活様式

【出題】

新型コロナウイルスの感染拡大により、身体的距離の確保や移動の制限、働き方の新しいスタイルなどを含む、新しい生活様式への対応が求められている。新しい生活様式に関する次の記述の中で、誤っているものを一つ選びなさい。

(1)　現金に触れないため衛生的であり、従業員と顧客の接触機会を減らすという観点からも有効であるため、キャッシュレス決済の利用が推奨されている。

(2)　食品のテイクアウトやデリバリーの利用が拡大している。デリバリー手段を持たない飲食店に対し、インターネットで注文を受けて配達代行を提供するサービスも多数登場し普及している。

(3)　インターネットなどを利用し、本来勤務するオフィスではない自宅などの場所から業務を行うテレワークが推奨されている。テレワークとは、「ＩＣＴ（情報通信技術）を活用し、時間や場所を有効に活用できる柔軟な働き方」のことである。

(4)　文部科学省は2019年、高等教育機関を対象に１人１台の端末と高速大容量の通信ネットワークを整備することにより教育ＩＣＴ環境整備を目指す、「ＧＩＧＡスクール構想」を発表した。

▶▶*解説* --

以前より、人口減少・少子高齢化や過疎化などの課題に対処するために、情報技術の活用が推進されてきたが、新型コロナウイルス感染症への対策として移動や人と人の交流が大幅に制限される事態となったことで、テレワークや遠隔医療など、情報技術の活用は一気に促進され、今後さらに進展することが期待されている。新型コロナウイルス感染症への対応は世界的に、長期に及ぶことが予想されており、求められる新しい生活様式は人々の生活や社会経済構造の変革を余儀なくすると考えられる。ポストコロナ社会を見据えた生活様式や社会づくりが求められている。

図表　新しい生活様式で推奨される手段とその進め方

手段	概要と進め方
通信販売	通信販売は、店舗を利用しない小売業態で、新聞、雑誌、テレビ、ラジオ等のメディアで広告し、郵便、電話等の通信手段により申込を受ける販売方法を指すが、近年ではインターネット回線等を通じたネットショッピングが普及している。 総務省統計局の家計消費状況調査によると、ネットショッピングを利用する二人以上世帯の割合は、2002 年には 5.3%だったが、年々上昇し続け、2018 年には 39.2%、2019 年には 42.8%、2020 年 6 月には 50.8%、2021 年 6 月には 52.7%と増加し続けている。今後も、電子決済と合わせた利用がさらに進むと考えられる。
電子決済	電子決済は、キャッシュレス決済とも呼ばれ、オンライン決済、クレジットカード、デビットカード、電子マネー（プリペイドカード）、QR コード決済手段等を用いて決済を行うことを指す。日本のキャッシュレス決済比率は、2020 年時点で約 30%程度にとどまり、主要各国の 40 ～ 60%と比較して低い水準にある。感染症対策を受け、オンライン決済の増加や、実店舗でも現金に触れないため衛生的で、従業員と顧客の接触機会を減らすという観点から、利用が推奨されている。
食事の持ち帰り・デリバリー	新型コロナウイルス感染拡大を防ぐためのテイクアウトやデリバリーの利用が拡大している。デリバリー手段を持たない飲食店に対し、インターネットで注文を受けて配達代行を提供するサービスも多数登場し普及している。
娯楽・スポーツのオンライン利用	感染症対策のため、自宅でトレーニングを行うオンラインフィットネスサービスが普及している。また、コンピュータでビデオゲームを行う e スポーツにも注目が集まっており、e スポーツの市場規模が拡大を続けている。プロスポーツや舞台芸術、芸能などの娯楽・スポーツでも無観客で興行を行うケースなどが出てきており、娯楽やスポーツの楽しみ方に大きな変革をもたらしている。
接触確認アプリ	感染症の感染者や濃厚接触者の行動履歴情報を把握・公開するため、位置情報などのデジタルデータを活用した「デジタル感染追跡」を導入する国が増えており、日本でも内閣官房が主導して、濃厚接触者に情報が届く「接触確認アプリ（通称：COCOA)」が 2020 年 6 月に公開された。
遠隔医療相談等	診療の時限的・特例的な要件緩和対応として、電話やオンラインによる診療や服薬指導が初診から実施可能となっている。
テレワーク	テレワークとは、「ICT（情報通信技術）を活用し、時間や場所を有効に活用できる柔軟な働き方」のことである。インターネットなどを利用し、本来勤務するオフィスではない自宅などの場所から業務を行う。育児や介護などの事情や、シニア世代、障がいのある人も含め、様々な人が柔軟な働き方で働けるとともに、災害時や感染症対策としても業務継続性を確保でき、住む場所の選択肢が広がることから都市部から地方への人の流れも促進して、地域活性化にも寄与するものとして期待されている。
遠隔教育	課題設定・解決力や創造力のある人材の育成のため、教育・研究環境のデジタル化・リモート化、国内外の大学や企業と連携した遠隔・オンライン教育が推進されている。初等中等教育機関においては、文部科学省は 2019 年、1 人 1 台の端末と高速大容量の通信ネットワークを整備することにより、多様な子供たちを確実に育成できる教育 ICT 環境整備を目指す「GIGA スクール構想」を発表した。高等教育機関においても、遠隔授業の環境構築を加速するとしている。

出所：総務省　令和２年「情報通信に関する現状報告」（令和２年版情報通信白書）、総務省統計局「家計消費状況調査」をもとに作成

(1) 感染症対策を受け、オンライン決済の増加や、実店舗でも現金に触れないため衛生的で、従業員と顧客の接触機会を減らすという観点から、利用が推奨されている。よって、正しい。

(2) デリバリー手段を持たない飲食店に対し、インターネットで注文を受けて配達代行を提供するサービスも多数登場し普及している。よって、正しい。

(3) 設問記述のとおり。よって、正しい。

(4) 「ＧＩＧＡスクール構想」は初等中等教育機関を対象とした構想である。よって、誤り。

正解 (4)

2．地域活性化とＥＳＧ地域金融

◆地域活性化の推進

【出題】

日本の地域活性化や地方創生に関する次の記述の中で、正しいものを一つ選びなさい。

(1) 「地方創生」の目的は、「首都圏への人口の過度の集中を是正し、地方で住みよい環境を確保して、早急に活力ある日本社会を取り戻すこと」である。

(2) 日本の合計特殊出生率は、人口置換水準（人口規模が維持される水準）の2.36を下回る状態が1980年以来続いている。

(3) 東京圏や大都市の人口は､高齢人口が増加し年少･現役人口が減少する「第1段階」にあるのに対し、地方はすでに、高齢人口も維持・微減の段階に入った「第２段階」や、高齢人口の減少局面に入った「第３段階」に至っている。

(4) 総務省の人口移動報告（外国人含む）によると、新型コロナウイルス感染拡大下の2020年７月であっても、東京圏から他の都道府県への転出が転入を上回る「転出超過」はみられなかった。

▶▶*解説* --

日本は人口減少・少子高齢化や経済的格差の拡大、自然災害の多発に伴う財政の疲弊など、様々な課題を抱えている。中でも都市部への人口集中と地方の過疎化、それに伴う地方の社会的・経済的な衰退は年々深刻化しており、国を挙げて取り組むべき喫緊の課題となっている。そこで、地方の衰退を食い止めて地域経済を活性化させる「地域活性化」が、日本の閉塞状況を打開する策であるとして各方面で推進されている。

「地域活性化」の類義語に「地方創生」がある。「地方創生」は主として政策において使われている語で、その目的は、「東京圏への人口の過度の集中を是正し、それぞれの地域で住みよい環境を確保して、将来にわたって活力ある日本社会を維持すること」である（内閣官房・内閣府総合サイト「みんなで育てる地域のチカラ　地方創生」より）。人口減少が進むと、社会保障などの持続が困難となり、中山間地域等の活力が低下、集落の維持が困難となる。また人口が集中する東京圏は高齢化がさらに進み、医療・介護の確保が困難となることが見込まれる。いずれも地方の衰退、ひいては日本全体の衰退を招くものとして危惧されており、人口減少の克服と地方の創生、日本の創生を目指すことが喫緊課題となっている。

⑴　上記のとおり、「地方創生」の目的は、「東京圏への人口の過度の集中を是正し、それぞれの地域で住みよい環境を確保して、将来にわたって活力ある日本社会を維持すること」である。よって、誤り。

⑵　日本の合計特殊出生率は、人口置換水準（人口規模が維持される水準）の2.07を下回る状態が1975年以来続いている。よって、誤り。

⑶　設問の記述にあるとおり、東京圏や大都市などは、高齢人口が増加し年少・現役人口が減少する「第１段階」にあるのに対し、地方はすでに、高齢人口も維持・微減の段階に入った「第２段階」や、高齢人口の減少局面に入った「第３段階」に至っている。よって、正しい。

⑷　新型コロナウイルスの感染拡大によるテレワークの拡大等により、長期的に企業等の東京一極集中の状況に影響が及ぶ可能性も出てきており、2020年７月には、2013年７月の同統計開始以来初めて、東京圏から他の都道府県への転出が転入を上回る「転出超過」が記録された。よって、誤り。

正解　⑶

◆Sicoety5.0と地方創生ＳＤＧｓ

【出題】

地方創生ＳＤＧｓに関する次の記述のうち、誤っているものを一つ選びなさい。

⑴　ＳＤＧｓとSociety5.0は、いずれも人類に普遍的で恒久的な社会的課題の解決を目指すものであり、親和性が高い。2020年より開始された第２期「まち・ひと・しごと創生総合戦略」では、地域におけるSociety5.0の推進が

目標の一つとして掲げられている。

(2) 2018年8月に内閣府主導で設立された地方創生ＳＤＧｓ官民連携プラットフォームは、地方自治体、地域中小企業、大企業、ＮＧＯ、ＮＰＯ、大学・研究機関等の広範なステークホルダーとのパートナーシップにより官民連携を推進することを目的としている。

(3) 2008年より開始された「環境未来都市」では、環境や高齢化対応など人類共通の課題に対応し、環境、社会、経済の三つの価値を創造して「誰もが暮らしたいまち」「誰もが活力のあるまち」の実現を目指す「環境未来都市」と、温室効果ガス排出の大幅削減など低炭素都市の実現に向けて取り組む「環境モデル都市」が選定されている。

(4) 地方創生ＳＤＧｓとは、過疎化が進む地方に海外からの労働人口を招致して、地方の人口増加と労働力確保を図るものである。

▶▶*解説*

(1) ＳＤＧｓとSociety5.0はいずれも人類に普遍的で恒久的な社会的課題の解決を目指すものであり、親和性が高い。日本経済団体連合会（経団連）は、「Society5.0 for ＳＤＧｓ」というコンセプトを掲げて双方の達成に資する取組を推進している。よって、正しい。

(2) 設問記述のとおり。よって、正しい。

(3) 日本では世界的に進む都市化を見据え、持続可能な経済社会システムを実現する都市・地域づくりを目指す「環境未来都市」構想が2008年より開始されている。「環境未来都市」とは、環境や高齢化対応など人類共通の課題に対応し、環境、社会、経済の三つの価値を創造することで「誰もが暮らしたいまち」「誰もが活力のあるまち」の実現を目指す、先導的プロジェクトに取り組んでいる都市を選定するものである。2011年に11の都市・地域が選定されている。また、低炭素都市を認定する「環境モデル都市」についても、「環境未来都市」と一体的に推進している。よって、正しい。

(4) 地方創生ＳＤＧｓとは、「東京圏への人口の過度の集中を是正し、それぞれの地域で住みよい環境を確保して、将来にわたって活力ある日本社会を維持すること」を目的とする「地方創生」を、ＳＤＧｓの達成に向けた取組と同時に成し遂げようとするものであり、設問記述のような一面的なものではない。よって、誤りである。

正解 (4)

◆環境未来都市・環境モデル都市・SDGs未来都市

【出題】

日本では世界的に進む都市化を見据え、持続可能な経済社会システムを実現する都市・地域づくりを目指す「環境未来都市」構想が 2008 年より進められている。「環境未来都市」構想に関する次の図表中の空欄①～④に入る語句の組合せとして、正しいものを一つ選びなさい。

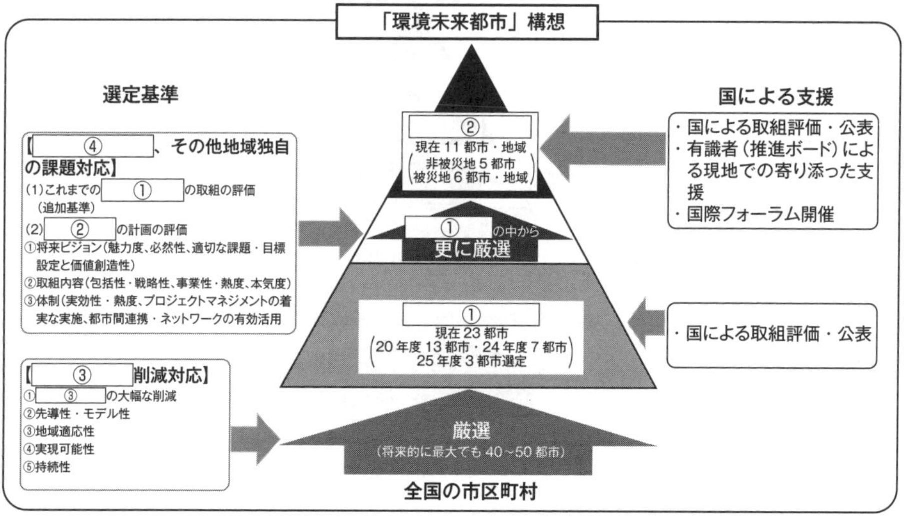

出所：内閣府地方創生推進事務局「環境未来都市構想」の制度概要　p.1

(1)　①環境未来都市　　②環境文化都市　　③プラスチックごみ
　　④環境・超高齢化

(2)　①環境モデル都市　②環境未来都市　　③温室効果ガス
　　④環境・超高齢化

(3)　①環境モデル都市　　②環境未来都市　　③プラスチックごみ
　④過疎化・人口減少

(4)　①環境未来都市　　②環境モデル都市　　③温室効果ガス
　④環境・超高齢化

▶▶*解説*

図表　環境未来都市と環境モデル都市

環境未来都市
○環境、社会、経済の三側面に優れた、より高いレベルの持続可能な都市
○「環境・超高齢化対応等に向けた、人間中心の新たな価値を創造する都市」を基本コンセプトに、平成23年度に11都市・地域を選定

環境モデル都市
○「環境未来都市」構想の基盤を支える低炭素都市
○温室効果ガス排出の大幅な削減など低炭素社会の実現に向け、高い目標を掲げて先駆的な取組にチャレンジする都市・地域として、平成20年度に13都市、平成24年度に7都市、平成25年度に3都市の合計23都市を選定

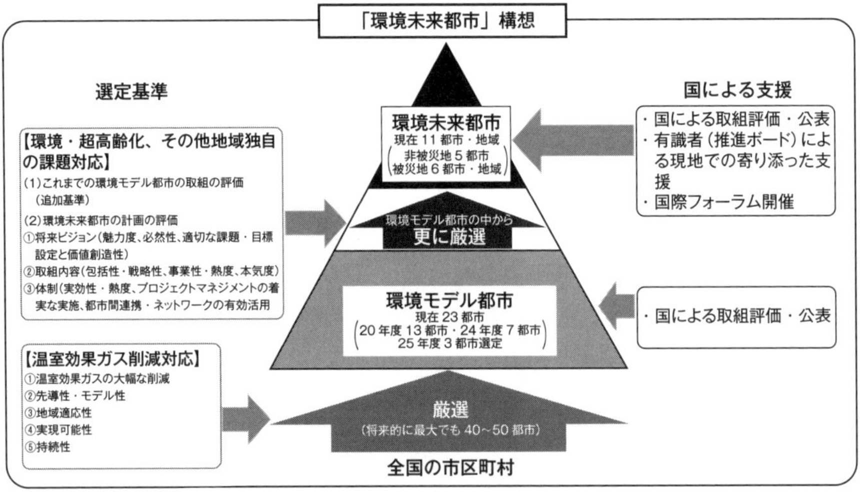

出所：内閣府地方創生推進事務局　「環境未来都市構想」の制度概要　p.1

日本では世界的に進む都市化を見据え、持続可能な経済社会システムを実現する都市・地域づくりを目指す「環境未来都市」構想が2008年より開始されている。「環境未来都市」とは、環境や高齢化対応など人類共通の課題に対応し、環境、社会、経済の三つの価値を創造することで「誰もが暮らしたいまち」「誰もが活力のあるまち」の実現を目指す、先導的プロジェクトに取り組んでいる都市を選定するものである。2011年に11の都市・地域が選定されている。

また、低炭素都市を認定する「環境モデル都市」についても、「環境未来都市」と一体的に推進している。「環境モデル都市」は、持続可能な低炭素社会の実現や高齢化対応などについて、高い目標を掲げて先駆的な取組を行う都市を選定するものである。

よって、正解は(2)である。

正解　(2)

◆ＥＳＧ地域金融①

【出題】

地方創生ＳＤＧｓ金融を通じた自律的好循環形成の全体像に関する次の図表中の空欄①〜⑥に入る語句の組合せとして、正しいものを一つ選びなさい。

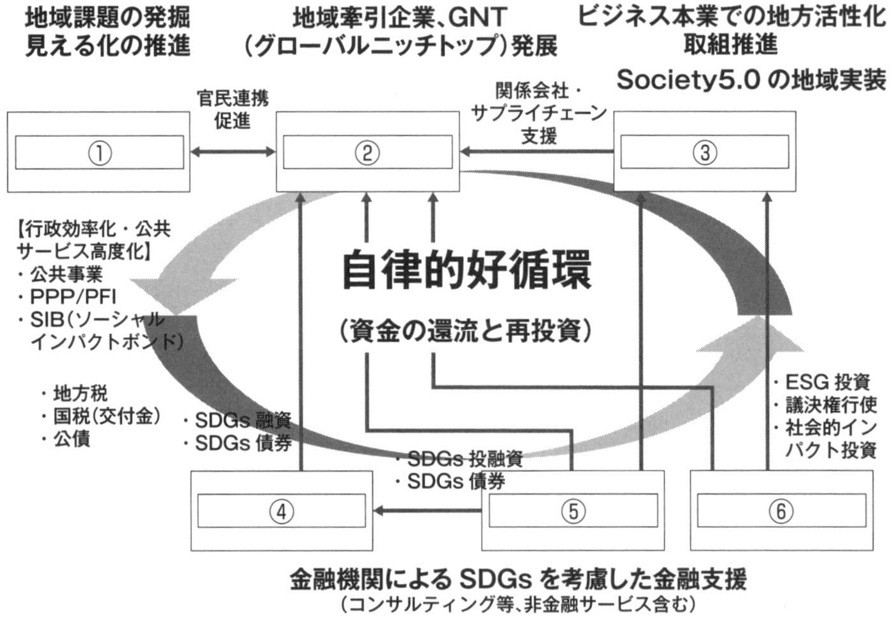

出所：内閣府資料をもとに作成

(1) ①国　②地域事業者　③上場企業　④大手銀行・証券等　⑤地域金融機関　⑥機関投資家

(2) ①国　②上場企業　③非上場企業　④地域金融機関　⑤大手銀行・証券等　⑥ベンチャーキャピタル

(3) ①地方公共団体　②非上場企業　③上場企業　④地域金融機関　⑤大手銀行・証券等　⑥ベンチャーキャピタル

(4) ①地方公共団体　②地域事業者　③上場企業　④地域金融機関　⑤大手銀行・証券等　⑥機関投資家

▶▶解説

内閣府により2019年12月に公表された「ＳＤＧｓアクションプラン2020」では、SDGsを原動力とした地方創生に取り組む企業・事業の拡大のため、金融機関によるＳＤＧｓを考慮した金融支援によって資金の還流と再投資を促し、自律的好循環を形成するという全体像が掲げられた（図表参照）。

ＥＳＧ地域金融という概念は、2018年7月27日に環境省のＥＳＧ金融懇談会が公表した提言に端を発する。世界でＥＳＧ投資が一大潮流となり、日本でもＥＳＧ投資が広がりつつある中、投資先企業における環境行動を一層促進することが期待される。また、間接金融においては、経営として環境金融に取り組んでいる金融機関がまだ一部にとどまっていることに鑑み、特に地域において環境金融を広めることにより、環境と経済の両方の観点から地域の持続可能性を高めることが必要であるとしている。

図表　地方創生SDGs金融を通じた自律的好循環形成の全体像

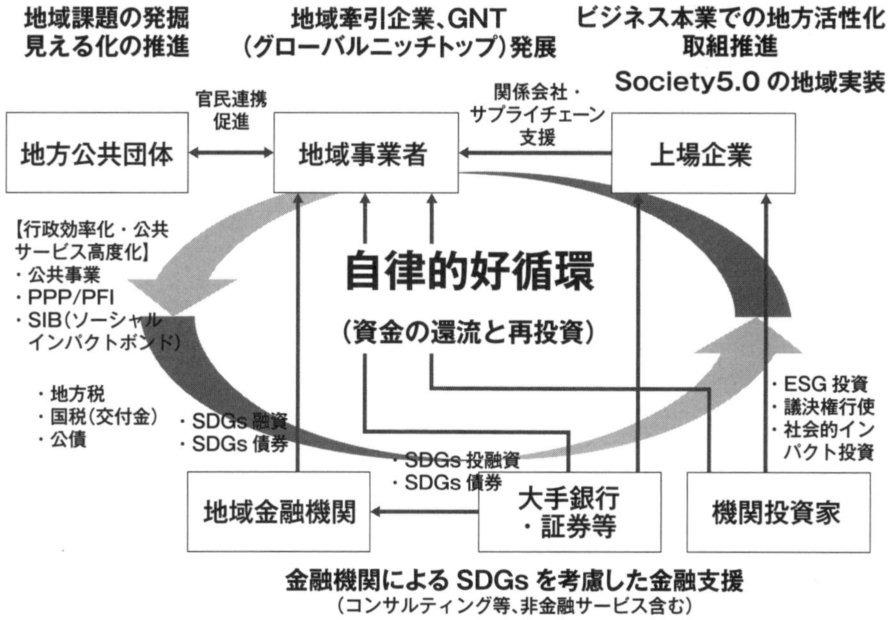

出所：内閣府資料をもとに作成

よって、(4)が正解である。

正解 (4)

◆ＥＳＧ地域金融②

【出題】

ＳＤＧｓ／ＥＳＧに取り組む上では、金融面からの支援が欠かせないものとされている。ＳＤＧｓ／ＥＳＧへの金融面からの支援に関する次の記述の中で、最も適切なものを一つ選びなさい。

(1) 2019年4月には、環境省の取りまとめによる「事例から学ぶＥＳＧ地域金融のあり方」が公表された。地域金融機関は、ＥＳＧ要素を考慮した取引先支援を図ることが必要であり、そのためにはＥＳＧ要素を考慮した手数料ビジネスの拡大、および、地域金融機関自らの「組織」におけるＥＳＧ対応のレベルアップを図ることが必要である。

(2) 金融庁は2018年6月に「金融行政とＳＤＧｓ」を公表している。その中で、「ＳＤＧｓは企業・経済の急進的成長と積極的な資産形成等による国民の利益の増大を目指すという金融行政の目標にも合致するものであり、金融庁としてもその推進に積極的に取り組む」と表明している。

(3) ＥＳＧやＳＤＧｓへの対応を企業の価値の源泉と見なし、中長期の企業価値向上に目を向ける投資家は徐々に増加してきているが、ＥＳＧ取組スコアと投資パフォーマンスの連動は、欧州などでもまだ見られない。

(4) 内閣府により2019年12月に公表された「ＳＤＧｓアクションプラン2020」では、ＳＤＧｓを原動力とした地方創生に取り組む企業・事業の拡大のため、金融機関によるＳＤＧｓを考慮した金融支援によって資金の還流と再投資を促し、自律的好循環を形成するという全体像が掲げられた。

▶▶*解説* --

2019年4月には、環境省取りまとめによる、ＥＳＧ地域金融の事例集である、「事例から学ぶＥＳＧ地域金融のあり方」が公表された。地域金融機関は、Ｅ

ＳＧ要素を考慮した取引先支援を図ることが必要であり、そのためにはＥＳＧ要素を考慮した事業性評価のレベルアップ、および、地域金融機関自らの「組織」におけるＥＳＧ対応のレベルアップを図ることが必要である。

地方創生ＳＤＧｓ金融やＥＳＧ地域金融については、金融庁も2018年6月に「金融行政とＳＤＧｓ」を公表している。その中で、「ＳＤＧｓは企業・経済の持続的成長と安定的な資産形成等による国民の厚生の増大を目指すという金融行政の目標にも合致するものであり、金融庁としてもその推進に積極的に取り組む」と表明している。

(1) 環境省の取りまとめによる「事例から学ぶＥＳＧ地域金融のあり方」(2019年4月）では、「地域金融機関は、ＥＳＧ要素を考慮した取引先支援を図ることが必要であり、そのためにはＥＳＧ要素を考慮した事業性評価のレベルアップ、および、地域金融機関自らの「組織」におけるＥＳＧ対応のレベルアップを図ることが必要である」とされている。「手数料ビジネスの拡大」の記述が誤っている。よって、誤り。

(2) 金融庁は、2018年6月に公表した「金融行政とＳＤＧｓ」の中で、「ＳＤＧｓは企業・経済の持続的成長と安定的な資産形成等による国民の厚生の増大を目指すという金融行政の目標にも合致するものであり、金融庁としてもその推進に積極的に取り組む」と表明している。「急進的成長と積極的な資産形成等による国民の利益の増大を目指す」の記述が誤っている。よって、誤り。

(3) ＥＳＧやＳＤＧｓへの対応を企業の価値の源泉と見なし、中長期の企業価値向上に目を向ける投資家は確実に増加しているため、欧州などでは既に、ＥＳＧ取組スコアの高い企業による高い投資パフォーマンス状況が確立している。よって、誤り。

(4) 前問図表参照。設問記述のとおりである。よって、正しい。

正解 (4)

第2章

◆地域活性化事例と金融①

【出題】

ＳＤＧｓ/ＥＳＧに関する金融面からの取組手法の一つとして､「ポジティブ・インパクト・ファイナンス」がある。「ポジティブ・インパクト・ファイナンス」に関する次の記述の中で、正しいものを一つ選びなさい。

(1) ポジティブ・インパクト・ファイナンスとは、国連環境計画金融イニシアティブの「ポジティブ・インパクト金融原則」に即した資金使途を特定しない、事業会社向け融資のことである。

(2) ＥＳＧ課題等への取組を通じて企業価値の向上が期待される企業の株式に投資する商品を取扱い、自行が受け取る信託報酬や販売手数料等を社会課題の解決に取り組む団体等に寄付した。

(3) 環境保全に積極的に取り組む企業に対し、独自の環境格付（ＣＯ２排出量の削減、環境配慮製品・サービスの実績、リサイクル、コンプライアンス等により評点化）に基づき、金利を優遇する私募債を引き受けた。

(4) 再生可能エネルギー・省エネルギー事業など、地球環境への貢献が期待されるプロジェクトに資金使途を制限した債券を引き受けた。

▶▶*解説* --

環境省では、2019年２月より「ＥＳＧ金融ハイレベル・パネル」を開催しており、2020年３月に開催された第２回パネルでは二つのタスクフォースが立ち上げられた。

一つは、「ポジティブインパクトファイナンスタスクフォース」で、インパクトファイナンスをＥＳＧ金融の主流の手段として、今後大規模な民間資金を巻き込んでいくことを目的に、「インパクトファイナンスの基本的考え方」の取りまとめを行っている。「インパクトファイナンスの基本的考え方」（2020年７月15日　ＥＳＧ金融ハイレベル・パネル　ポジティブインパクトファイナンスタスクフォース）によれば、インパクトファイナンスは大規模な資金動員を図るものであるため、当初は機関投資家や大手金融機関を中心に普及が図られているが、将来的には個人投資家や地域金融機関を含むすべての関係者に広く普及することが期待されている。地域金融機関や個人投資家にとっては、地域社会の環境・社会・経済面の課題解決を通じて自身の収益機会を獲得できると同時に、地域社会の持続的成長や収益基盤の維持・強化に資するものと捉えられる。

図表　SDGs / ESGに関する金融面からの取組事例

地域資源の活用	・「再生可能エネルギーを軸とした新産業の創出」という経営戦略のもと、風力発電事業会社を設立し、同事業に参入。これにプロジェクトファイナンスを供与。
プロジェクトファイナンス	・グリーンファイナンス推進機構が出資する再生可能エネルギー事業（風力、バイオマス、地熱・温泉熱等）に対し、地元金融機関として協調融資。
寄付型私募債/ローン	・社債発行手数料/金利の一部（例えば、発行額の0.2%相当額）を、発行企業/借入企業が指定する学校教育支援、児童福祉支援、就労支援、医療・健康保健支援、環境保全、地方創生などに取り組む学校や施設、自治体等の団体に寄付・物品寄贈する私募債の引受/融資。
環境格付私募債	・環境保全に積極的に取り組む企業に対し、独自の環境格付（CO_2 排出量の削減、環境配慮製品・サービスの実績、リサイクル、コンプライアンス等により評点化）に基づき、金利を優遇する私募債を引受。
利子優遇融資	・成長が見込まれる創造的事業や、持続可能な社会づくりに貢献可能な社会的課題の解決につながる事業（中小企業・個人）、ESG/SDGsに取り組む法人・個人に対し、金利を優遇して融資。
震災対応融資	・震災発生に備えた事業継続対策（BCP）等に取り組む事業者、被災した事業者や農家等に対し、金利を優遇して融資。震災発生時に元本の全部又は一部を免除する融資。 ・罹災者に対し、住宅の新築・修繕等にかかる資金を金利を優遇して融資。
ESG 投資信託	・ESG課題等への取組を通じて企業価値の向上が期待される企業の株式に投資する投資信託商品の取扱い。自行が受け取る信託報酬や販売手数料等を社会課題の解決に取り組む団体等に寄付。
グリーンボンド	・再生可能エネルギー・省エネルギー事業など、地球環境への貢献が期待されるプロジェクトに資金使途を制限した債券の発行や引受。
寄付型預金	・子育て支援、環境保全、災害復興、スポーツ振興などに取り組む団体等に対し、預金元本の一部を自行が寄付したり、預金者が受け取る利息の一部を寄付する預金。
ポジティブ・インパクト・ファイナンス	・国連環境計画金融イニシアティブの「ポジティブ・インパクト金融原則」に即した資金使途を特定しない事業会社向け融資。

出所：日本銀行金融機構局金融高度化センター　SDGs/ESG金融に関する金融機関の取組（2020年1月）　p.7　をもとに作成

(1) 設問記述のとおり。よって、正しい。
(2) 「ＥＳＧ投資信託」についての記述である。よって、誤り。
(3) 「環境格付私募債」についての記述である。よって、誤り。
(4) 「グリーンボンド」についての記述である。よって、誤り。

正解 (1)

◆地域活性化事例と金融②

【出題】

鹿児島銀行では、鹿児島県日置市と包括的業務協力協定を締結し「オリーブ６次産業化」に取り組んでおり、ＥＳＧ地域金融の先行事例として、環境省の「事例から学ぶＥＳＧ地域金融のあり方－ＥＳＧ地域金融の普及に向けて－」（2019年３月）に取り上げられている。この事例ではどのような点がＥＳＧ地域金融の先行事例といえるのか、次の記述の中で、誤っているものを一つ選びなさい。

(1) 耕作放棄地を利用することで環境保全とともに土地確保や開発費を削減、新たな収益源を確保した点。
(2) イタリア産・スペイン産のオリーブを大量輸入することで安価なオリーブ製品の安定供給を実現した点。
(3) 地域の気候を考慮したオリーブ産業の創出により、生産、加工、販売で雇用を創出した点。
(4) 職員２名を海外調査に派遣するなど、事業に深く関与することで、当該分野のノウハウを蓄積した点。

▶▶***解説*** --

鹿児島銀行は、地域活性化や産業振興を官民で推進するため、2012年５月に鹿児島県日置市と包括的業務協力協定を締結し、日置市の地域活性化構想として「オリーブ６次産業化」を掲げて事業に取り組んでいる。日置市では事業収入の低迷による担い手不足と就業者の高齢化により、農業就業人口が減少し続けていた。この状況を打開するため、2012年10月には鹿児島銀行や企業10社1組合の出資により、鹿児島オリーブ株式会社を設立し、オリーブを軸にした新たな商品開発やブランド化、販路開拓などに取組、オリーブによるまちづくりを産官金の連携で推進している。

本事業では、オリーブ苗木補助や全量買取の保証により、オリーブ農家へ安定的な収益を確保し、参入障壁を下げている。また、地域における新産業の創出や、耕作放棄地の活用、農地保全による環境への好影響などの成果につながっている。産業創出に関しては、一次産業としてのインパクトのみならず、加工や販売、オリーブ農園見学の観光客の増加など、多方面に渡るポジティブインパクトをもたらしている。

(1) 上記にあるとおり、設問記述のような効果をもたらした。よって、正しい。

(2) 日置市の地域活性化が目的であり、海外からの大量輸入や安価な商品の供給はＥＳＧ地域金融の趣旨に反する。また、日置市の「日置オリーブ農園」では、採油施設も完成し、純日置市産のオリーブオイルを製造販売している。よって、誤り。

(3) 日置市では2013年度から本格的にオリーブ栽培を開始し、地域の気候に合った品種を選定するため多品種の植栽を行って試験するなどの結果、設問記述のとおりの効果を生みだした。よって、正しい。

(4) 鹿児島銀行では、オリーブ事業調査のため2013年10月に行員2名をイタリアとスペインへ約2カ月間派遣し、収穫から加工までを体験させ、その情報を有効に利用した。よって、正しい。

正解　(2)

◆地域活性化事例と金融③

【出題】

地域低炭素投資促進ファンド事業を活用した再生可能エネルギー事業に関する次の記述の中で、正しいものを一つ選びなさい。

(1) 地域低炭素投資促進ファンド事業とは、経済産業省が主導し、一定の採算性・収益性が見込まれる地域における再生可能エネルギー事業等を「出資」

により支援するファンド事業である。
(2) 再生可能エネルギー事業は、施設建設から稼働までに大きな資金が必要であり、稼働後は安定的な収益を得られるが、稼働までのリードタイムが長いため、地域の中小事業者による新規参入のハードルが高いという問題がある。
(3) 事業者のメリットとしては、グリーンファンドがまず出資を行うことで、公的資金を集めやすくなること、および、事業の成長段階でコンサルティング的な支援を受けられることが挙げられる。
(4) 金融機関のメリットとしては、グリーンファンドの出資により事業等の信用力が向上するため、融資が行いやすいこと、および、金融機関内の人材だけで事業性評価やコンサルティング的支援を実施していくことで、再生エネルギー事業等に関する知見が向上することが挙げられる。

▶▶解説

【グリーンファンドの目的等】
①背景・必要性
・温室効果ガスの大幅削減や脱炭素社会の創出には、巨額の追加投資が必要。
・脱炭素化プロジェクトは長期に亘るリードタイムが必要。
・地域の事業者は資本力が比較的弱い中小・中堅企業が多く、資金調達が難しい。
②効果・目的
・グリーンファンドの出資により、民間資金の更なる投融資を呼び込み、脱炭素化プロジェクトの実現に寄与。
・脱炭素化プロジェクトの実現により、地域における雇用創出、産業育成等に結びつき、地域活性化に寄与。

グリーン経済のための新たなお金の流れを創出し、「脱炭素社会」と「地域活性化」を実現させることがグリーンファンドの目的

出典:一般社団法人グリーンファイナンス推進機構HP

地域低炭素投資促進ファンド事業とは、環境省が主導し、一定の採算性・収益性が見込まれる地域における再生可能エネルギー事業等を「出資」により支援するファンド事業である。金融機関を含む、当該地域の民間事業者からの投融資を集めることが、補助金を受ける条件となっている。事業設置の背景として、再生可能エネルギー事業は、施設建設から稼働までに大きな資金が必要であり、稼働後は安定的な収益を得られるが、稼働までのリードタイムが長いため、地域の中小事業者による新規参入のハードルが高いという問題がある。そこで本事業は、中小事業者が設立するSPC（特定目的会社）等にグリーンファンドが出資を行い、それを呼び水として民間出資を集め、民間金融機関等が融資を行うことで事業全体の資金を手当てするスキームとなっている。

事業者のメリットとしては、グリーンファンドがまず出資を行うことで、民間資金を集めやすくなること、および、事業の検討段階からコンサルティング的な支援を受けられるというものがある。融資を行う金融機関のメリットとしては、グリーンファンドの出資により事業等の信用力が向上するため、融資が行いやすいこと、および、外部の専門家とともに事業性評価やコンサルティング的支援を実施していくことで、再生エネルギー事業等に関する知見が向上することが挙げられる。

(1) 経済産業省ではなく環境省である。よって、誤りである。

(2) 上記のとおり。よって、正しい。

(3) 公的資金ではなく民間資金である。コンサルティング的な支援は事業の検討段階から受けられる。よって、誤りである。

(4) 事業性評価やコンサルティング的支援は、金融機関内の人材だけで行うのではなく、外部の専門家とともに行う。そのため、再生エネルギー事業等に関する知見の向上が見込める。よって、誤りである。

正解 (2)

◆地域活性化事例と金融④

【出題】

秋田市向浜バイオマス発電所は、北都銀行が中心となって行ったＥＳＧ地域

金融の一事例であり、環境省の「事例から学ぶＥＳＧ地域金融のあり方－ＥＳＧ地域金融の普及に向けて－」(2019年３月）にも取り上げられている。この事例に関する次の記述の中で、正しいものを一つ選びなさい。

(1) 秋田県はスギ人工林の保有資源量が全国一の規模を誇るが、積雪の影響によるまがり材が多く、森に捨てられた未利用材により植樹ができず土砂崩れの原因になるという課題があった。

(2) この事例で活用された環境省の地域低炭素投資促進ファンド事業は、事業者にとって、民間金融機関の融資が先行することでグリーンファンドの出資が受けやすくなるというメリットがある。

(3) この事例で活用された環境省の地域低炭素投資促進ファンド事業は、金融機関にとって、事業の検討段階からコンサルティング的な支援を受けられるというメリットがある。

(4) 再生可能エネルギー事業は、小規模な資金で始められるため、地域の中小事業者による新規参入がしやすい。

▶▶*解説* --

2015年３月、北都銀行と新生銀行は、秋田県秋田市向浜で計画された木質バイオマス発電事業に対するシンジケートローンの組成を発表した。この事業は、秋田県内における未利用間伐材などを活用した木質バイオマス発電事業のために設立されたユナイテッドリニューアブルエナジー株式会社が行うもので、総事業費約125億円のうち総額約106億円を、北都銀行を中心に新生銀行、秋田銀行、第四銀行、秋田信用金庫、羽後信用金庫、秋田信用組合、ＪＡ三井リース、ＮＥＣキャピタルソリューション、秋田県ふるさと融資による協調融資（プロジェクトファイナンス）で賄い、残りの約20億円はグリーンファイナンス推進機構、ユナイテッド計画、レノバ、フォレストエナジーが出資している。

秋田県はスギ人工林の保有資源量が全国一の規模を誇るが、積雪の影響によるまがり材が多いことや、間伐材の約３割の未利用材が林地残材となり森に捨てられていた。新たな植樹もできない中､土砂崩れの原因ともなっていたため、未利用材をバイオマス発電事業に活用することで、適正な森林管理や地元林業の活性化、新規雇用の創出などにつながるとして、本事業が計画された。

(1) 上記解説にあるように、設問記述のとおりである。よって、正しい。

(2) 融資が行いやすいというのは、金融機関にとってのメリットである。事業者は融資を受ける立場である。よって、誤り。

(3) 事業の検討段階からコンサルティング的な支援を受けられるというのは、事業者にとってのメリットである。金融機関は外部の専門家とともに事業性評価やコンサルティング的支援を実施していく立場である。よって、誤り。

(4) 再生可能エネルギー事業は、施設建設から稼働までに大きな資金が必要であり、稼働後は安定的な収益を得られるが、稼働までのリードタイムが長いため、地域の中小事業者による新規参入のハードルが高い。よって、誤り。

正解 (1)

◆地域活性化事例と金融⑤

【出題】

ソーシャルインパクトボンド（ＳＩＢ）に関する次の記述中の空欄①～④に入る語句の組合せとして、正しいものを一つ選びなさい。

行政にとっては、（　①　）を（　②　）資金で賄い（　③　）型の事業を実施するＳＩＢは、複数年度にわたる事業として設計し、（　①　）に大きな費用を要する（　④　）的な事業に取り組む際に、特にその効果を期待することができる。

(1) ①維持管理　②公的　③成果報酬　④補修
(2) ①維持管理　②民間　③固定支払　④予防
(3) ①初期投資　②民間　③成果報酬　④予防
(4) ①初期投資　②公的　③固定支払　④補修

▶▶*解説*

初期投資を民間資金で賄い成果報酬型の事業を実施するソーシャルインパクトボンド（ＳＩＢ）は、行政にとっては、複数年度に亘る事業として設計し、初期投資に大きな費用を要する予防的な事業に取り組む際に、特にその効果を期待することができる。ＳＩＢの実施に際しては、行政・資金提供者・事業者の合意が取れる成果指標とその評価方法を設定する必要があるため、結果的に、事業の成果に関して関係者（住民、議会、庁内財政当局等）に対する説明責任を果たすことが可能となる。財務的なリスクを抑えながら民間のノウハウや推進力を活用して事業を進めることができる。また、資金提供者は社会課題解決に出資を通じて参画できるとともに、成果に応じたリターンも得られるというメリットがある。よって、(3)が正解である。

正解　(3)

◆地域活性化事例と金融⑥

【出題】

中小企業・小規模事業者の知財活動や、金融機関による知財ビジネス評価書を活用した事業性評価に関する次の記述のうち、誤っているものを一つ選びなさい。

(1)「知財ビジネス評価書」は、特許等の知的財産を切り口に、第三者機関である評価機関が企業の事業内容を評価するものである。

(2)「中小企業知財金融促進事業　最終取りまとめ　知財活用型事業性評価の広がりと今後の展望」によれば、2014年度から2018年度までで、すべての都道府県が知財ビジネス評価に取り組んでいる。

(3) 中小企業・小規模事業者は、知財活動を適切に行っていない企業が大多数であり、製造業はもちろん、小売業やサービス業等も含めて知財活動を行うことは有効である。

(4) 金融庁では、「知財ビジネス評価書」の普及を図るため、知財金融ポータルサイトにおいて、様々な刊行物を公表している。

▶▶解説

名古屋銀行は、愛知県名古屋市に拠点を置く株式会社知多リサイクルに対し、2017年に「知財ビジネス評価書」を活用した事業性評価を行い、融資を実行した。知多リサイクルは廃タイヤ専門のリサイクル業者で、中部地域で回収した廃タイヤを自社工場で破砕し、タイヤチップを燃料として大口需要家に供給している。

名古屋銀行では2015年より中部経済産業局との連携のもとで、「知財ビジネス評価書」を活用した事業性評価を実施している。「知財ビジネス評価書」は、特許等の知的財産を切り口に、第三者機関である評価機関が企業の事業内容を評価するもので、「知財ビジネス評価書」の普及と金融機関による活用を促すため、特許庁による作成支援の取組も広範に行われている。特許庁の知財金融委員会が2019年3月に公表した「中小企業知財金融促進事業　最終取りまとめ　知財活用型事業性評価の広がりと今後の展望」によれば、知財ビジネス評価書を利用した金融機関数は、2014年度から2018年度までに累計214機関に上る。

図表　知財ビジネス評価に取り組んだ金融機関数の推移

	H26	H27	H28	H29	H30	H26-30
金融機関数	22機関	63機関	107機関	127機関	108機関	214機関
都道府県	14／47	32／47	37／47	41／47	38／47	47／47

出所：特許庁　知財金融委員会 「中小企業知財金融促進事業　最終取りまとめ　知財活用型事業性評価の広がりと今後の展望」(2019年3月)　p.11 図3

(1)は上記解説で示したとおりである。よって、正しい。

(2)は図表のとおり。よって、正しい。

(3)は地域における事業承継や創業、付加価値・生産性向上について課題を抱える取引先企業に対しては、知財活動の強化が有効なソリューションとなる可能性が高い。中小企業・小規模事業者は、知財活動を適切に行っていない企業が大多数であり、製造業はもちろん、小売業やサービス業等も含めて知財活動を行うことは有効である。よって、正しい。

(4)は金融庁ではなく特許庁。よって、誤り。

正解　(4)

◆地域活性化事例と金融⑦

【出題】

地域金融機関においても、ＳＤＧｓやＥＳＧへの取組を行う例が相次いでいるが、そのうち瀬戸内地域の観光ブランド化の推進を目的に組成された、「せとうち観光活性化ファンド」に関する次の記述の中で、誤っているものを一つ選びなさい。

(1)「せとうち観光活性化ファンド」は、観光関連産業の事業化および成長に必要な資金の供給を行うため、瀬戸内地域の地域銀行７行と日本政策投資銀行ならびにクールジャパン機構等により組成された。

(2)「せとうち観光活性化ファンド」は、「せとうちＤＭＯ」のコンセプトに合致した観光関連事業者の新規出店支援のみに利用されている。

(3)「せとうち観光推進機構」が発展改組されて発足した「せとうちＤＭＯ」は、観光庁の登録ＤＭＯとして登録されている。

(4)「せとうち観光活性化ファンド」の投融資形態の一つであるメザニンファイナンスは、銀行借入や社債による資金調達（デットファイナンス）と株式発行による資金調達（エクイティファイナンス）の中間に位置する、劣後ローンや優先株式などのファイナンス手段を指す。

▶▶*解説* --

せとうち観光活性化ファンドは、瀬戸内地域の活性化を観光の側面から実現するために、観光関連産業の事業化および成長に必要な資金の供給を行うために組成されたファンドである。瀬戸内地域の地域銀行７行（中国銀行、広島銀行、山口銀行、阿波銀行、百十四銀行、伊予銀行、みなと銀行）および日本政策投資銀行と海外需要開拓支援機構（クールジャパン機構）が中心となり組成された。

ファンドの運営は、せとうち観光パートナーズが瀬戸内ブランドコーポレーションと連携して実施しており、せとうちＤＭＯのコンセプトに合致した観光関連事業者のプロダクト開発や事業拡大等の支援を実施している。投資形態は、メザニンファイナンス（劣後ローン、優先株式）、普通株式、その他（シニアローン、社債、匿名組合出資、不動産信託受益権等）で、支援先の事業内容や規模、支援を必要とする状況に合わせて行っている。

(1)　設問記述のとおり。よって、正しい。

(2)「せとうち観光活性化ファンド」は、「せとうちＤＭＯ」のコンセプトに合致した観光関連事業者のプロダクト開発や事業拡大等の支援に利用されている。よって、誤りである。

(3)　観光庁では、観光地域づくり法人を登録ＤＭＯとして登録しており、「せとうちＤＭＯ」もその一つである。よって、正しい。

(4)　メザニンファイナンスとは銀行借入や社債による資金調達（デットファイナンス）と株式発行による資金調達（エクイティファイナンス）の中間に位置する資金調達手法を指す。よって、正しい。

正解　(2)

◆新たな産業創出への期待①

【出題】

経済産業省の「産業技術ビジョン 2020」では、「ＳＤＧｓの達成に向けては一層のイノベーション創出が必要である」と述べられているが、その内容について記述した次の文章の中で、正しいものを一つ選びなさい。

(1)　2050 年を見据えた 14 のグローバルメガトレンドに適応すべきである。

(2)　すべてのデジタル技術の基盤となるのが、パーソナルデバイスコンピューティング技術である。

(3)　メガトレンドには「人口のピークアウト、シェアリングエコノミーへの移行に向けた価値軸の転換、地政学的リスクへの対応」が含まれる。

(4) スピントロニクス、シリコンフォトニクス、常温稼働量子コンピュータ、バイオセンサーなどの新技術の研究開発がポイントとなる。

▶▶解説

図表　メガトレンドを意識したデジタル技術分野と研究開発のポイント

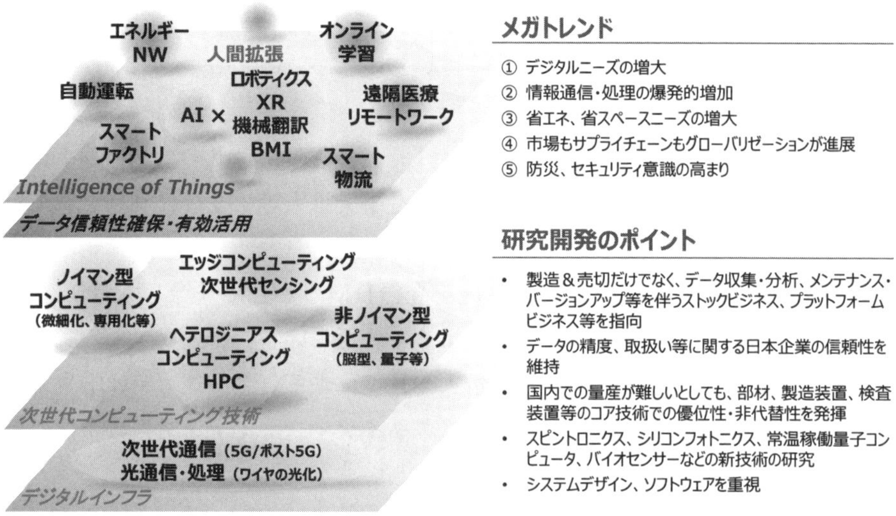

エネルギー
NW
人間拡張
オンライン
学習
自動運転
ロボティクス
XR
機械翻訳
BMI
AI ×
遠隔医療
リモートワーク
スマート
ファクトリ
スマート
物流
Intelligence of Things
データ信頼性確保・有効活用
ノイマン型
コンピューティング
（微細化、専用化等）
エッジコンピューティング
次世代センシング
非ノイマン型
コンピューティング
（脳型、量子等）
ヘテロジニアス
コンピューティング
HPC
次世代コンピューティング技術
次世代通信（5G/ポスト5G）
光通信・処理（ワイヤの光化）
デジタルインフラ
メガトレンド
① デジタルニーズの増大
② 情報通信・処理の爆発的増加
③ 省エネ、省スペースニーズの増大
④ 市場もサプライチェーンもグローバリゼーションが進展
⑤ 防災、セキュリティ意識の高まり
研究開発のポイント
• 製造＆売切だけでなく、データ収集・分析、メンテナンス・バージョンアップ等を伴うストックビジネス、プラットフォームビジネス等を指向
• データの精度、取扱い等に関する日本企業の信頼性を維持
• 国内での量産が難しいとしても、部材、製造装置、検査装置等のコア技術での優位性・非代替性を発揮
• スピントロニクス、シリコンフォトニクス、常温稼働量子コンピュータ、バイオセンサーなどの新技術の研究
• システムデザイン、ソフトウェアを重視

出所：経済産業省　産業技術ビジョン 2020 概要版（2020 年 5 月 29 日）p.3

経済産業省の「産業技術ビジョン 2020」においては、ＳＤＧｓの達成に向けては、一層のイノベーションの創出が必要であり、産業技術という切り口から中長期的な視点で解決すべき課題を特定し、イノベーション創出に取り組む必要があるとしている。特に、2050 年を見据えた５つの世界的潮流に適応し、情報技術と知的資本を活用していくことが重要である。５つのグローバルメガトレンドとは、「①人口のピークアウト、②サステナブルエコノミーへの移行に向けた価値軸の転換、③デジタルエコノミーへのトランスフォーメーション、④地政学的リスクへの対応、⑤レジリエンスの重要性の高まり」である。

(1) 14 ではなく５つのグローバルメガトレンドである。よって、誤り。

(2) すべてのデジタル技術の基盤となるのが、次世代コンピューティング技術であり、デバイス、ソフトウェアの高速化、省エネ化、小型化などの研究開発を、スピード感とスケール化を意識して進めるべきとしている。パーソナルデバイスコンピューティング技術ではなく、次世代コンピューティング技術である。よって、誤り。

(3) シェアリングエコノミーへの移行に向けた価値軸の転換ではなく、サステナブルエコノミーへの移行に向けた価値軸の転換である。よって、誤り。

(4) 設問記述のとおり。よって、正しい。

正解 (4)

◆新たな産業創出への期待②

【出題】

新たな産業を創出して新たな産業集積地となることは、困難ながら大きな期待が寄せられている地域活性化の一手段である。ＳＤＧｓの達成に向けて一層のイノベーションの創出が必要であるとして公表された、経済産業省の「産業技術ビジョン2020」における、産業技術の研究開発のポイントに関する次の記述中の空欄①〜④に入る語句の組み合わせとして、正しいものを一つ選びなさい。

[産業技術の研究開発のポイント]

・製造＆売切だけでなく、(　　①　　) 収集・分析、メンテナンス・バージョンアップ等を伴うストックビジネス、(　　②　　) 等を指向

・(　　①　　) の精度、取扱い等に関する日本企業の信頼性を維持

・国内での量産が難しいとしても、(　　③　　) のコア技術での優位性・非代替性を発揮

・スピントロニクス、シリコンフォトニクス、常温稼働量子コンピュータ、バイオセンサーなどの新技術の研究

・(　　④　　) を重視

出所：経済産業省　産業技術ビジョン2020概要版（2020年5月29日）p.3

(1) ①ナレッジ　②プラットフォームビジネス　③精密組立加工

④ハードウェア、インテグレーション

(2) ①データ　②金融ビジネス　③精密組立加工

④ハードウェア、インテグレーション

(3) ①ナレッジ　②金融ビジネス　③部材、製造装置、検査装置等

④システムデザイン、ソフトウェア

(4) ①データ　②プラットフォームビジネス

③部材、製造装置、検査装置等　④システムデザイン、ソフトウェア

▶▶解説

前問図表参照。よって、正解は(4)である。

正解　(4)

3．ＳＤＧｓ時代の地域金融機関に求められる姿勢と役割

◆事業活動とＳＤＧｓ①

【出題】

ＳＤＧｓ時代における企業の事業活動に関する次の記述の中で、誤っているものを一つ選びなさい。

(1) 短期のリターンが見込めなくともＥＳＧへの取組を積極的に行う企業に投資が集まり、その企業の価値が向上し、長期に維持されると考えられる。

(2) 気候変動が金融機関にもたらす３つのリスクのうち、物理的リスクとは、低炭素経済への移行に伴い、ＧＨＧ排出量の大きい金融資産が再評価されることによりもたらされるリスクである。

(3) 気候変動リスクをないがしろにする企業や金融機関は、市場の価値観の転換に伴い、世の中から取り残されるおそれがある。

(4) 長期的視点で大きな社会課題に対峙し、最終的には経済合理性をも創り出していくという強い意志を経営者が発信することこそが重要である。

▶▶*解説*

ＳＤＧｓ時代の経営や事業活動は、これまでと大きく変わるものになる。これまでの主流の価値観では、企業の存在意義は最終的には経済的生産性や経済合理性に集約されると考えられてきた。企業は公器であり社会還元こそが存在意義であるという考え方も確かに存在するが、企業価値は株式価値やＤＣＦなど基本的には現時点の財務的指標を算出することで表現される。しかし、これからは、企業の社会課題への取組方や、中長期的に社会にもたらす価値によって判断されることになっていくと予想される。

例えば、従来の投資家は高い投資リターンを追求して銘柄選びを行うが、新しい時代の投資家は、投資リターンが少々下がっても、ＥＳＧへの取組を積極的に行う銘柄を選択する。つまり、企業の過去や現在発揮している価値ではな

く、将来の企業価値を評価する。将来の価値とは、現在の価値の延長線上にある財務的価値を試算したものではなく、企業が語る未来ビジョンを指すのである。

(1) 設問記述のとおり。よって、正しい。

(2) 低炭素経済への移行に伴い、ＧＨＧ排出量の大きい金融資産が再評価されることによりもたらされるリスクは移行リスクである。よって、誤り。

(3) 設問記述のとおり。よって、正しい。

(4) 設問記述のとおり。肢のような経営者による発信が投資家のＥＳＧ投資を引きつけることになり、研究開発やステークホルダー連携が促進され、結果として社会課題解決と経済合理性の両立を実現できると考えられる。よって、正しい。

正解 (2)

◆事業活動とＳＤＧｓ②

【出題】

ＳＤＧｓ時代における企業の事業活動に関する次の記述の中で、最も適切なものを一つ選びなさい。

(1) ＥＳＧやＳＤＧｓは、「どちらかといえば取り組む方がよいもの」である。

(2) これまでは主に企業の社会貢献活動やボランティア活動、非営利活動として取り組まれてきた経済合理性が薄い分野に、ＥＳＧやＳＤＧｓの視点から向き合い、新たな市場を切り開くことは、まさにＳＤＧｓ経営の目指すべき方向性といえる。

(3) ＥＳＧに取り組む企業には評価と企業価値向上のアップサイクルがもたらされ、取り組まない企業にはダウンサイクルがもたらされるが、その一方で財務的指標は、その新たな企業価値に影響されることはない。

(4) 短期的に大きな社会課題を解決するという強い意志を経営者が発信することで、投資家のＥＳＧ投資を引きつけ、結果として社会課題解決と経済合理性の両立を実現できる。

▶▶**解説**

⑴　ＥＳＧやＳＤＧｓは、「どちらかといえば取り組む方がよいもの」や「取り組むことでビジネスチャンスや企業イメージ向上の可能性につながるもの」ではなく、「取り組まなければ投資家や消費者にボイコットされ取り残されるもの」である。よって、不適切。

⑵　は設問記述のとおり。よって、適切。

⑶　ＥＳＧに取り組む企業には評価と企業価値向上のアップサイクルがもたらされ、取り組まない企業にはダウンサイクルがもたらされる。結果的に財務的指標も、その新たな企業価値に追随することになる。よって、不適切。

⑷「短期的に大きな社会課題を解決する」ではなく「長期的視点で大きな社会課題に対峙する」である。よって、不適切。

正解　⑵

◆ＥＳＧ地域金融実践の流れ①

【出題】

ＥＳＧ地域金融の拡大のためには、金融機関は案件レベルおよび組織レベルでＥＳＧ要素を考慮した対応を行うことが求められている。次の図表中の空欄①～③に入る語句の組み合わせとして、正しいものを一つ選びなさい。

図表　ESG地域金融の拡大に向けて

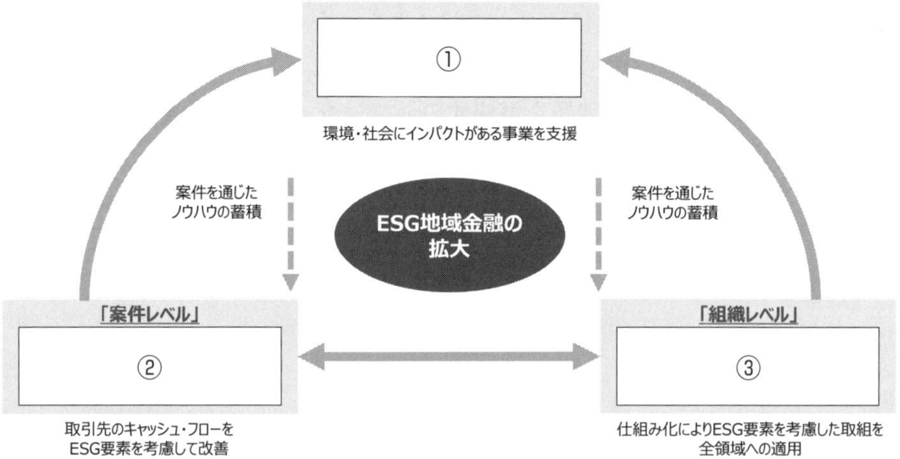

出所：環境省　ESG地域金融の先行事例調査に関する検討会　事例から学ぶESG地域金融のあり方－ESG地域金融の普及に向けて－（2019年3月）p.5もとに作成

(1)　①地域金融機関自らの「組織」におけるＥＳＧ対応のレベルアップ
②ＥＳＧ要素を考慮した事業性評価のレベルアップ
③地域金融機関によるＥＳＧ要素を考慮した支援

(2)　①地域金融機関によるＥＳＧ要素を考慮した支援
②ＥＳＧ要素を考慮した事業性評価のレベルアップ
③地域金融機関自らの「組織」におけるＥＳＧ対応のレベルアップ

(3)　①地域金融機関によるＥＳＧ要素を考慮した支援
②ＥＳＧ要素を考慮した事業性評価のレベルアップ
③組織の内部統制による法令遵守の強化

(4)　①ＥＳＧ要素を考慮した事業性評価のレベルアップ
②地域金融機関によるＥＳＧ要素を考慮した支援
③地域金融機関自らの「組織」におけるＥＳＧ対応のレベルアップ

▶▶*解説*

ＥＳＧ地域金融の推進においては、ＥＳＧ要素を考慮した事業性評価のレベルアップ、および、地域金融機関自らの「組織」におけるＥＳＧ対応のレベルアップが求められる（下図）。

ＥＳＧ地域金融では、実践のためのフローとして、ＥＳＧ要素を考慮した「案件組成」「評価」「モニタリング」を行うことで、取引先の価値向上や将来のキャッシュフロー改善を通じ、地域金融機関のリスクを抑えるとともに、地域の環境・経済・社会への持続的な貢献を目指すことが求められている。

図表　ESG地域金融の拡大に向けて

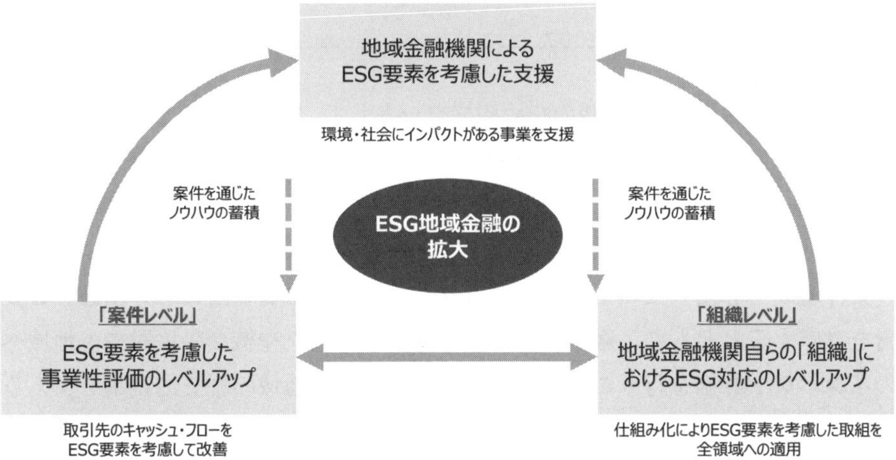

出所：環境省　ESG地域金融の先行事例調査に関する検討会　事例から学ぶESG地域金融のあり方－ESG地域金融の普及に向けて－（2019年3月）　p.5

よって、⑵が正解である。

正解　⑵

◆ＥＳＧ地域金融実践の流れ②

【出題】

ＥＳＧ地域金融実践の流れに関する次の記述の中で、不適切なものを一つ選びなさい。

⑴　地域金融機関には、事業性評価を通じた融資や本業支援等を通じて、地域企業を発掘、支援することが求められている。

⑵　本部が企業のニーズや課題を把握し、営業店へ情報共有・連携するとともに、営業店は自治体のＳＤＧｓ施策や地域産業全体のＥＳＧリスク・重要課題を整理して本部を支援することが必要とされている。

⑶　ＥＳＧ地域金融の実践のためのフローの「案件組成」「評価」のフェーズでは、ＥＳＧ要素を考慮した課題と価値の把握が特に重要である。

⑷　事例の共有など「組織における横展開」を積極的に行うことで、実践方法や支援における課題事例を蓄積していくことが肝要である。

▶▶*解説* --

ＥＳＧ地域金融では、実践のためのフローとして、ＥＳＧ要素を考慮した「案件組成」「評価」「モニタリング」を行うことで、取引先の価値向上や将来のキャッシュフロー改善を通じ、地域金融機関のリスクを抑えるとともに、地域の環境・経済・社会への持続的な貢献を目指すことが求められている。

案件組成・評価・モニタリングの各フェーズは、融資判断においてＥＳＧ要素を考慮するとともに、融資を行うことによるリスクや機会の検討や、地域へのインパクト評価を行うことが重要である。例えば地域の歴史的産業を支える事業や、地域に固有の希少な環境的資源を守る事業、当該事業を行うことによる地域経済への影響などに鑑み、短期的なリターンや確実なリターンが望めない場合でも、中長期的に事業者に寄り添い支援する前提での融資判断を行うなどの姿勢、まさに事業性評価が求められる。

⑴　例えば地域の歴史的産業を支える事業や、地域に固有の希少な環境的資源を守る事業、当該事業を行うことによる地域経済への影響などに鑑み、短期

図表　地域金融機関によるESG要素を考慮した支援の概要

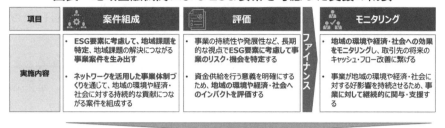

項目	案件組成	評価		モニタリング
実施内容	・ESG要素に考慮して、地域課題を特定、地域課題の解決につながる事業案件を生み出す ・ネットワークを活用した事業体制づくりを通じて、地域の環境や経済・社会に対する持続的な貢献につながる案件を組成する	・事業の持続性や発展性など、長期的な視点でESG要素に考慮して事業のリスク・機会を特定する ・資金供給を行う意義を明確にするため、地域の環境や経済・社会へのインパクトを評価する	ファイナンス	・地域の環境や経済・社会への効果をモニタリングし、取引先の将来のキャッシュ・フロー改善に繋げる ・事業が地域の環境や経済・社会に対する好影響を持続させるため、事業に対して継続的に関与・支援する
ESG地域金融による効果	事業性（収益・持続性）の向上 ＋	環境の持続性向上 ＋		経済・社会の活性化

出所：環境省　ESG地域金融の先行事例調査に関する検討会　事例から学ぶESG地域金融のあり方－ESG地域金融の普及に向けて－（2019年3月） p.6

図表　ステークホルダー図で見るESG地域金融実践のポイント

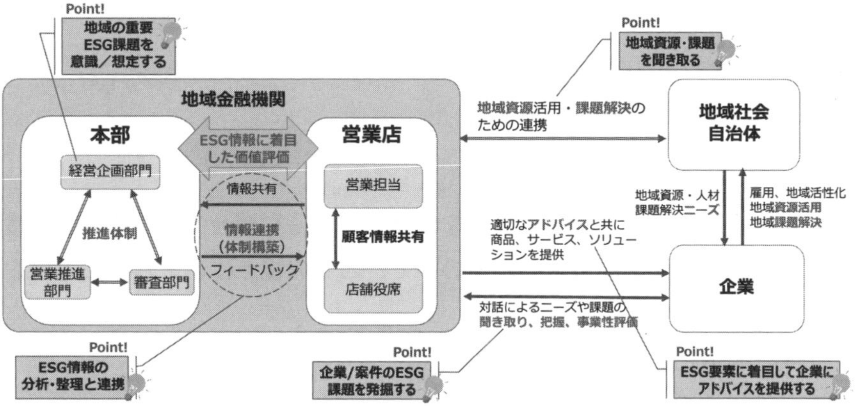

出所：環境省　ESG地域金融実践ガイド（2020年4月） p.16

図表　中長期的視点による投融資判断

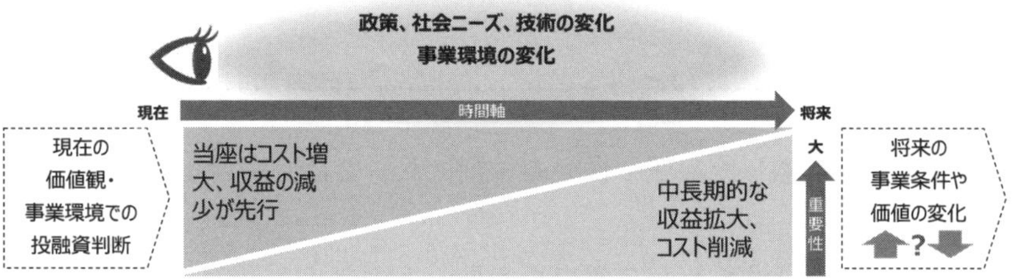

出所：環境省　ESG地域金融実践ガイド（2020年4月） p.25

的なリターンや確実なリターンが望めない場合でも、中長期的に事業者に寄り添い支援する前提での融資判断を行うなどの姿勢（まさに事業性評価の姿勢）が求められる。よって、適切。

(2) 営業店が企業のニーズや課題を把握し、本部へ情報共有・連携するとともに、本部は自治体のＳＤＧｓ施策や地域産業全体のＥＳＧリスク・重要課題を整理して営業店を支援することが必要とされる。よって、不適切。

(3) ＥＳＧ地域金融の実践のためのフローの「案件組成」「評価」を細分化させると、「事前準備」、「ヒアリング」、「課題と価値の把握」、「共有・すり合わせ」、「支援の検討」のように進めることが効果的であり、ＥＳＧ要素を考慮した課題と価値の把握が特に重要となる。よって、適切。

(4) 設問記述のとおり。よって、適切。

正解 (2)

◆ＥＳＧ地域金融実践の流れ③

【出題】

ＥＳＧ地域金融におけるＥＳＧ要素を考慮した課題や機会の発掘において重視される四つの視点に関する次の記述の中で、四つの視点に含まれないものを一つ選びなさい。

(1) 企業／案件と地域のＥＳＧ要素を意識する視点
(2) 産業別の重要課題の視点
(3) サプライチェーンの視点
(4) 地域別の資源や課題の視点

▶▶*解説* ---

ＥＳＧ要素を考慮した課題や機会の発掘においては、次の４つの視点が示されている。

① 企業／案件と地域のＥＳＧ要素を意識する視点
② 産業別の重要課題の視点

③　バリューチェーンの視点
④　地域別の資源や課題の視点
である。
　したがって、(3)はサプライチェーンの視点ではない。よって、誤り。

正解　(3)

◆ＥＳＧ地域金融実践の流れ④

【出題】

**　ＥＳＧ地域金融に関する次の記述のうち、誤っているものを一つ選びなさい。**

(1)　ＥＳＧ地域金融の実践の流れは、「事前準備」、「ヒアリング」、「課題と価値の把握」、「組織内承認」、「支援の検討」の手順で進めることが推奨されている。
(2)　地域金融機関がＥＳＧ地域金融に取り組む上でまず重要となるのは、ＥＳＧ要素に注目した課題や案件の発掘である。
(3)　ＥＳＧ要素を考慮した課題や機会の発掘は、①企業/案件と地域のＥＳＧ要素を意識する視点、②産業別の重要課題の視点、③バリューチェーンの視点、④地域別の資源や課題の視点、の４つの視点から行う。
(4)　事例の共有など、組織における横展開を積極的に行うことで、実践方法や支援における課題事例を蓄積していくことが重要である。

▶▶解説

図表　ESG地域金融実践の流れ

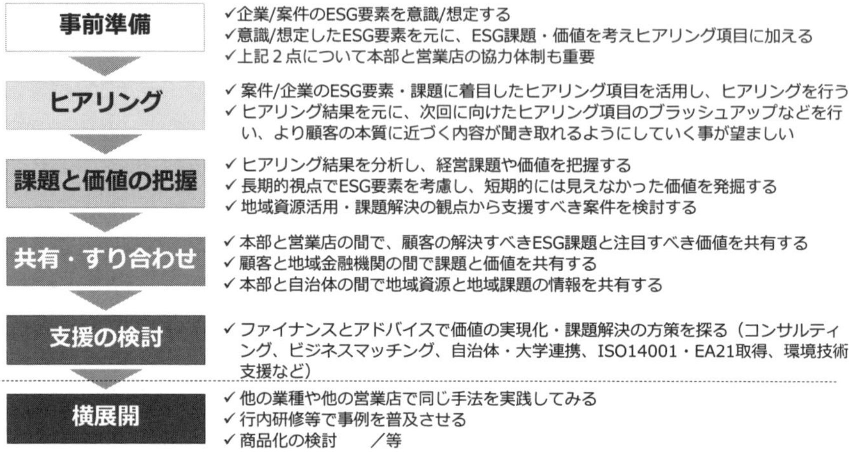

事前準備
✓企業/案件のESG要素を意識/想定する
✓意識/想定したESG要素を元に、ESG課題・価値を考えヒアリング項目に加える
✓上記２点について本部と営業店の協力体制も重要
ヒアリング
✓案件/企業のESG要素・課題に着目したヒアリング項目を活用し、ヒアリングを行う
✓ヒアリング結果を元に、次回に向けたヒアリング項目のブラッシュアップなどを行い、より顧客の本質に近づく内容が聞き取れるようにしていく事が望ましい
課題と価値の把握
✓ヒアリング結果を分析し、経営課題や価値を把握する
✓長期的視点でESG要素を考慮し、短期的には見えなかった価値を発掘する
✓地域資源活用・課題解決の観点から支援すべき案件を検討する
共有・すり合わせ
✓本部と営業店の間で、顧客の解決すべきESG課題と注目すべき価値を共有する
✓顧客と地域金融機関の間で課題と価値を共有する
✓本部と自治体の間で地域資源と地域課題の情報を共有する
支援の検討
✓ファイナンスとアドバイスで価値の実現化・課題解決の方策を探る（コンサルティング、ビジネスマッチング、自治体・大学連携、ISO14001・EA21取得、環境技術支援など）
横展開
✓他の業種や他の営業店で同じ手法を実践してみる
✓行内研修等で事例を普及させる
✓商品化の検討　／等

出所：環境省　ESG地域金融実践ガイド（2020年４月）　p.17

(1)　「事前準備」、「ヒアリング」、「課題と価値の把握」、「共有·すり合わせ」、「支援の検討」の手順で進めることが推奨されている。「組織内承認」ではなく「共有・すり合わせ」が正しい。よって、誤りである。

(2)　地域には、環境・社会的課題の解決に資する技術や製品・サービスを有していながら、その価値がまだ顕在化していない企業が多数存在する。地域金融機関には、活用すべき地域資源や地域課題をよく知る者として、また、事業性評価を通じた融資や本業支援等を通じて、そのような地域企業を発掘、支援することが求められている。よって、正しい。

(3)、(4)　先述の環境省ＥＳＧ地域金融実践ガイドに設問記述のとおり記されている。よって、いずれも正しい。

正解　(1)

◆地域金融実践ガイド

【出題】

ＥＳＧ地域金融に関する次の図表中の空欄①〜④に入る語の組み合わせとして、正しいものを一つ選びなさい。

図表　地域経済エコシステム

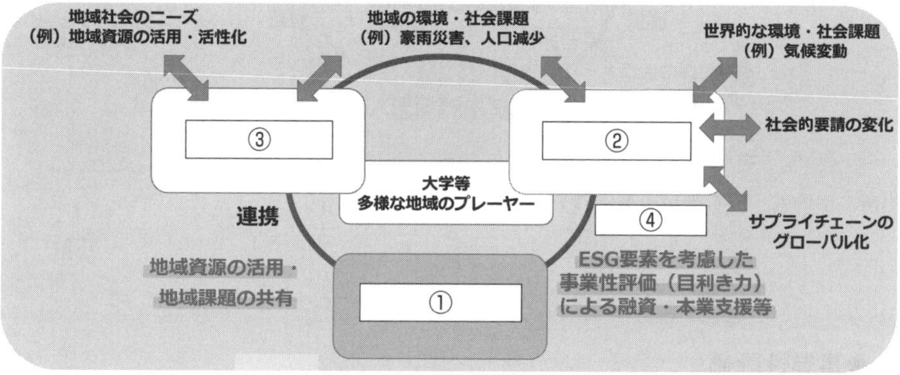

出所：環境省　ESG 地域金融実践ガイド（2020 年 4 月）　p.9

(1)　①地域金融機関　②地域企業　③国　④融資
(2)　①地域金融機関　②地域企業　③自治体　④対話
(3)　①金融機関　②企業　③国　④対話
(4)　①地域金融機関　②地域企業　③自治体　④融資

▶▶解説 --

地域には、環境・社会的課題の解決に資する技術や製品・サービスを有していながら、その価値がまだ顕在化していない企業が多数存在する。地域金融機関には、活用すべき地域資源や地域課題をよく知る者として、また、事業性評価を通じた融資や本業支援等を通じて、そのような地域企業を発掘、支援することが求められている。地域金融機関は、ＥＳＧ要素を考慮し、自治体やアカデミアなどとも連携しながら、地域課題解決のエコシステムを形成していくための、重要なポジションにあると位置付けられる。

図表　地域経済エコシステムにおける地域金融機関の役割

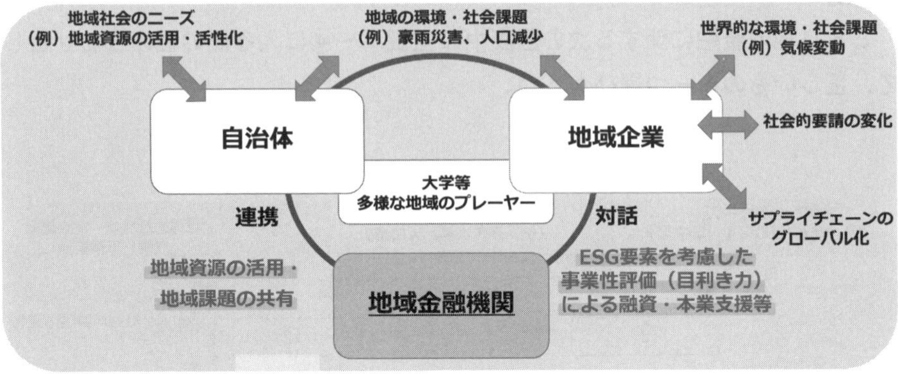

出所：環境省　ESG地域金融実践ガイド（2020年4月）　p.9

正解　(2)

◆事業性評価

【出題】

ＥＳＧ地域金融のための事業性評価に関する次の記述の中で、誤っているものを一つ選びなさい。

(1)　事業性評価はＳＤＧｓやＥＳＧの中長期的成果を見越して支援する考え方と親和性が高く、地域金融機関にとって、ＥＳＧ要素を組み込んだ事業性評価の導入が急務となっている。

(2)　事業性評価に基づく融資は、まず始めに取引先について「知る」、次に把握した情報を「整理」し、事業内容や成長性などの「評価」を行って、融資判断や本業支援などに「活用」するという手順で進める。

(3)　事業性評価に基づく融資では、事業性評価シート等のツールの活用に加えて、取引先との対話を深めることがキーとなる。

(4)　事業性評価シートを作成して関係者で確認を行うことには、形式知を暗黙知化する意義がある。

▶▶解説

ＥＳＧ地域金融の主要な論点となるのが、事業性評価である。金融庁の監督指針では、従来は中小企業の担保や保証、財務内容だけに重きを置いてきた融資を見直し、企業の事業内容や将来性を評価して取引を行うよう推進している。

ＳＤＧｓやＥＳＧの中長期的成果を見越して支援する考え方と親和性が高く、地域金融機関にとって、ＥＳＧ要素を組み込んだ事業性評価の導入が急務となっている。ＥＳＧ要素を考慮した事業性評価は、事業停止リスクの最小化や、収益機会の獲得、地域や社会へのインパクトの確認機会ともなるため、継続的にモニタリングを実施し、将来のキャッシュフローの改善につなげることが重要である。

図表　事業性評価の機能分解

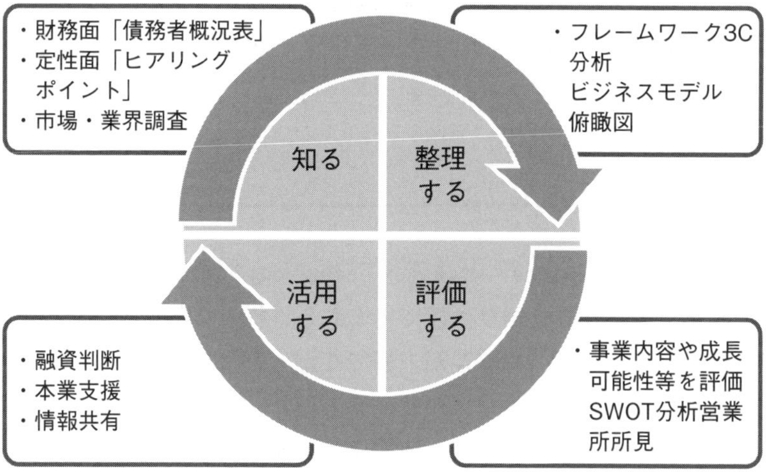

出所：信金中央金庫　地域・中小企業研究所　金融調査情報No.28-16（2016/10/11）　p.2

(1)　上記のとおり。よって、正しい。

(2)　上記図表のとおり。よって、正しい。

(3)　設問記述のとおり。よって、正しい。

(4)　「形式知を暗黙知化」ではなく「暗黙知を形式知化」である。よって、誤り。

正解　(4)

◆金融デジタライゼーション①

【出題】

ＳＤＧｓの達成に貢献する手段の一つとして、金融デジタライゼーションが挙げられる。「FinTech（フィンテック）」に関する次の記述の中で、最も不適切なものを一つ選びなさい。

(1) 通信業やＩＴ業、小売業などの事業者が金融サービスへの参入を開始しており、金融業界にとってFinTechはビジネスチャンスでもある一方、多数のライバルが現れる可能性のある脅威ともいえる。

(2) 金融サービスの普及が十分でなかった途上国で、ショートメッセージの仕組みを使った送金サービスが普及している。

(3) インターネット上で商品開発プロジェクトを周知し、その趣旨に賛同した人が寄付や投資を行うことで、資金調達することができる。

(4) 金融機関内で、融資申請書類の一部を電子化して保管していることは、FinTechの取組の一つである。

▶▶***解説*** ---

FinTechは金融（Finance）と技術（Technology）を組み合わせた造語で、金融サービスと情報技術を結びつけて生まれる、様々な革新的なサービス等を指す。例えば、金融サービスの普及が十分でなかった途上国でショートメッセージの仕組みを使った送金サービスが普及するなど、テクノロジーを活用して新たな金融アクセスや金融サービスを展開する例が出てきているほか、欧米などでは融資審査に人工知能を活用し効率化を図ったり、ブロックチェーン技術を使ってセキュリティ強化を図るなどの取組も行われている。

(1) 例えば現在日本では、キャッシュレス決済の普及促進が進んでいるが、預金口座やクレジットカード等を必要としない、メッセージ送金などの決済手段が全面普及すれば、決済手数料を得て成り立っている既存の金融サービスは事業機会を失うことになる。設問記述のとおり。よって、適切。

(2) フィンテックは金融サービスと情報技術を結びつけて生まれる、様々な革新的なサービス等を指す。銀行口座やクレジットカードが普及していない途上国における、ショートメッセージの仕組みを使った送金サービスは、金融サービスと情報技術を結びつけた革新的なサービスといえる。よって、適切。

(3) インターネットを活用し民間などから広く資金調達を可能にすることは、革新的といえる。資金調達は国内企業が対象としているフィンテックビジネス領域の一つである。よって、適切。

(4) 金融機関内での書類の電子保管は、革新的なサービスとはいえない。よって、不適切。

正解 (4)

◆金融デジタライゼーション②

【出題】

国内フィンテック企業のビジネス領域とテクノロジーに関する次の図表中の空欄①～④に入る語の組み合わせとして、正しいものを一つ選びなさい。

国内フィンテック企業のビジネス領域とテクノロジー

ビジネス領域	テクノロジー	ビジネスモデルの概要
資金調達	トランザクションレンディング	従来、審査に用いられなかったデータを活用して与信を行う
	(①)	
	クラウドファンディング	インターネットで資金調達を希望するプロジェクトを周知し、資金調達する手法
	(②)	
決済	ブロックチェーン	(③)関連ビジネス
		(④)を用いたエコシステムの形成
	電子決済	クレジットカード決済、電子マネー決済、スマートフォンアプリ決済など

出所：財務省財務総合政策研究所「フィナンシャル・レビュー」令和元年第4号（通巻第139号）2019年9月　東海林正賢「日本のフィンテック最新事情」p.28をもとに作成

(1) ①スコアレンディング　②ソーシャルレンディング　③無形資産　④トービン

(2)　①ソーシャルレンディング　②スコアレンディング　③無形資産
　④トービン
(3)　①スコアレンディング　②ソーシャルレンディング　③暗号資産
　④トークン
(4)　①ソーシャルレンディング　②スコアレンディング　③暗号資産
　④トークン

▶▶*解説*

図表　国内フィンテック企業のビジネス領域とテクノロジー

ビジネス領域	テクノロジー	ビジネスモデルの概要
資金調達	トランザクションレンディング	従来、審査に用いられなかったデータを活用して与信を行う
	スコアレンディング	
	クラウドファンディング	インターネットで資金調達を希望するプロジェクトを周知し、資金調達する手法
	ソーシャルレンディング	
決済	ブロックチェーン	暗号資産関連ビジネス
		トークンを用いたエコシステムの形成
	電子決済	クレジットカード決済、電子マネー決済、スマートフォンアプリ決済など

出所：財務省財務総合政策研究所「フィナンシャル・レビュー」令和元年第4号（通巻第139号）2019年9月　東海林正賢「日本のフィンテック最新事情」p.28をもとに作成

正解　(3)

◆採用や人材育成への活用

【出題】

ＳＤＧｓを採用や人材育成に活用することに関する次の記述の中で、適切なものを一つ選びなさい。

(1)　若年層はＳＤＧｓを深く理解しているため、企業や金融機関がＳＤＧｓに取り組んでいると表明していてもその取組が表面的であれば就職先として選ばれなくなる可能性が高い。
(2) 良い人材を採用できるかどうかは、企業のＳＤＧｓへの取組とは無関係である。
(3) ＳＤＧｓネイティブの社員の割合は、役職者を中心に今後一定の水準を横這いに維持していくと考えられる。
(4) これからの求職者には、大企業志向や経済合理性重視の傾向が強まると考えられる。

▶▶***解説***

(1) 設問記述のとおり。よって、適切。
(2) ＳＤＧｓに着実に取り組んでいる企業にとっては、ＳＤＧｓの普及・浸透は、良い人材を採用するチャンスとなる。よって、不適切。
(3) ＳＤＧｓネイティブの社員の割合は、若年層を中心に今後ますます高まっていくと考えられる。よって、不適切。
(4) これまでの求職者には大企業志向や経済合理性重視の傾向があったが、今後は、企業や金融機関の社会課題や環境問題への取組姿勢が、求職者の志向に合うことが､就職先選択の理由となる機会が増えると考えられる。よって、不適切。

正解 (1)

◆金融機関としてのＥＳＧ対応のレベルアップ①

【出題】

金融庁が「金融行政とＳＤＧｓ」の中で示した「持続可能なビジネスモデルの構築に向けた地域金融機関の経営のあり方」では、経営理念に基づくＰＤＣＡの実践を図ることが重要であるとしている。ＰＤＣＡの各段階で実施すべき内容について述べた次の記述の中で、誤っているものを一つ選びなさい。
(1) Planでは、経営理念と整合的な経営戦略・計画の策定を行う。
(2) Doでは、経営陣は経営理念の浸透を、本部は営業店との連携強化を図り、営業店は顧客本位の営業や経営戦略の実践を行う。

⑶ Checkでは、経営陣は経営理念の見直しを行い、本部と営業店は顧客企業の経営状態のチェックを行う。

⑷ Actionでは、改善策の策定・実行を行う。

▶▶解説

図表　持続可能なビジネスモデルの構築に向けた地域金融機関の経営のあり方

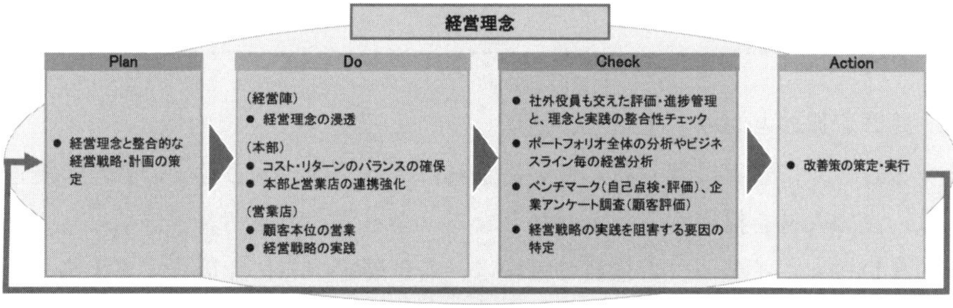

出所：金融庁　金融行政とSDGs（令和２年１月） p.12

⑴ 設問記述のとおり。よって、正しい。

⑵ 設問記述のとおり。よって、正しい。

⑶ Checkでは、社外役員も交えた評価・進捗管理と、理念と実践の整合性チェック、ポートフォリオ全体の分析やビジネスライン毎の経営分析、ベンチマーク（自己点検・評価)、企業アンケート調査、経営戦略の実践を阻害する要因の特定を行う。よって、誤り。

⑷ 設問記述のとおり。よって、正しい。

正解 ⑶

◆金融機関としてのＥＳＧ対応のレベルアップ②

【出題】

ＥＳＧ地域金融の普及に向けて、地域金融機関が組織としてのＥＳＧ対応を向上させていくために必要なこととして、不適切なものを一つ選びなさい。

(1) 環境関連などの特定分野におけるＥＳＧ要素を考慮した会計管理のノウハウを蓄積する。また、その成果等を地域金融機関内において浸透させ、認知度向上を図る。

(2) 社会的に高い公共性を有する地域金融機関として、ＥＳＧ金融やＳＤＧｓが経営の中核であることを理解する。

(3) ＥＳＧ要素を案件評価に組み込み、案件組成の段階から評価までＥＳＧ要素が考慮されるようにする。

(4) ＥＳＧ要素を含むモニタリングを通じた取引先への関与・支援がインパクトの最大化に結びつくよう仕組化する。

▶▶***解説*** --

(1) 会計管理ではなく、案件組成やインパクト評価である。よって、誤りである。

(2) 設問記述のとおり。よって、適切。

(3) 設問記述のとおり。よって、適切。

(4) 設問記述のとおり。よって、適切。

正解 (1)

図表　地域金融機関自らの「組織」のESG対応のレベルアップ

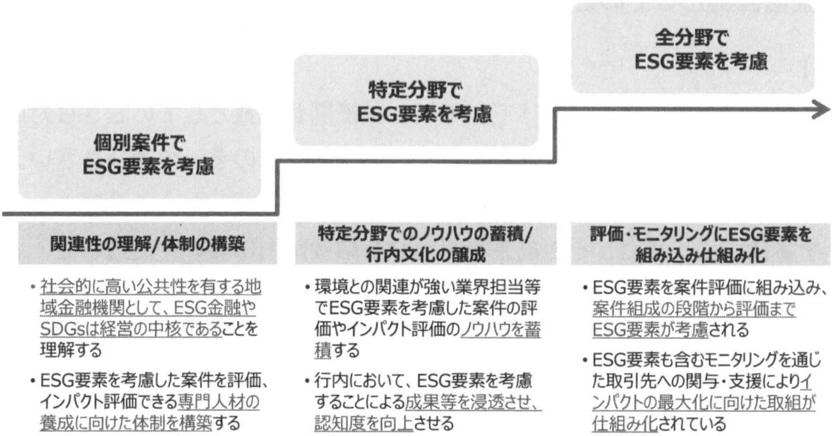
個別案件で
ESG要素を考慮
特定分野で
ESG要素を考慮
全分野で
ESG要素を考慮
関連性の理解/体制の構築
・社会的に高い公共性を有する地域金融機関として、ESG金融やSDGsは経営の中核であることを理解する
・ESG要素を考慮した案件を評価、インパクト評価できる専門人材の養成に向けた体制を構築する
特定分野でのノウハウの蓄積/行内文化の醸成
・環境との関連が強い業界担当等でESG要素を考慮した案件の評価やインパクト評価のノウハウを蓄積する
・行内において、ESG要素を考慮することによる成果等を浸透させ、認知度を向上させる
評価・モニタリングにESG要素を組み込み仕組み化
・ESG要素を案件評価に組み込み、案件組成の段階から評価までESG要素が考慮される
・ESG要素も含むモニタリングを通じた取引先への関与・支援によりインパクトの最大化に向けた取組が仕組み化されている

取組	実施事項	具体的な取組内容
①個別案件で ESG要素を考慮	・社会的に高い公共性を有する地域金融機関として、ESG金融やSDGsは経営の中核であることを理解する ・ESG要素を考慮した案件評価、インパクト評価ができる専門人材の養成に向けた体制を構築する	・経営陣がESG金融やSDGsへの関心を持ち、コミットメントを行うとともに、既存の事業とESG金融やSDGsとの関係を把握している ・外部機関や専門家、他企業のESG金融やSDGsに関する取組を行う部署や担当者とのネットワークを構築できている ・専門部署やチームを構築するなど、ノウハウの蓄積に向けた体制が整備されている
②特定分野で ESG要素を考慮	・環境との関連が強い業界担当等でESG要素を考慮した案件評価やインパクト評価のノウハウを蓄積する ・地域金融機関内において、ESG要素を考慮することによる成果等を浸透させ、認知度を向上させる	・行内の会議やイントラネットでESG金融やSDGsに関する情報発信を行っている ・顧客に対してもESG金融やSDGsに取り組む意義を伝えられている
③全案件で ESG要素を考慮	・ESG要素を案件評価に組み込み、案件組成の段階から評価までESG要素が考慮される ・ESG要素を含むモニタリングを通じた取引先への関与・支援によりインパクトの最大化に向けた取組が仕組み化されている	・行員がESG金融やSDGsに資する案件への関与に対するインセンティブ（人事評価等）を導入している ・事業性評価シート等に環境の視点からの検討が組み込まれている ・モニタリングシート等で環境関連項目を評価項目としている

出所：環境省　「事例から学ぶESG地域金融のあり方－ESG地域金融の普及に向けて－」（2019年3月）　P.8, 30

◆金融機関としてのＥＳＧ対応のレベルアップ③

【出題】

地域金融機関には、ＥＳＧ要素を考慮した取引先支援を行うことにより企業・事業価値の向上に繋げることが求められている。ＥＳＧ地域金融の事例についてまとめた次の図表中の空欄①～④に入る語の組み合わせとして、正しいものを一つ選びなさい。

図表　ESGを考慮した事業性評価指標の例

実施する目的		考慮すべき点
融資回避の検討	①	・排水で近隣河川等を汚染しないか ・PKS調達で、重大な環境問題がないか
リスク・機会の検討	②	・地域の農業を持続的に継続できるか ・地域資源を活用できないか ・再植林費用を含む価格設定か
	③	・水使用を抑制しているか ・技術を活用し、解決できる社会課題があるか ・廃棄物から商品を作れないか ・耕作放棄地で新たな作物を栽培できないか ・資源の高度化利用ができないか ・省エネ設備でエネルギー使用を抑制できるか
	④	・水使用を抑制できるか ・災害時にも機能を維持できるか

出所：環境省　「事例から学ぶESG地域金融のあり方－ESG地域金融の普及に向けて－」（2019年3月）　P.26

⑴　①事業停止リスク回避　　②収益の改善
　　③災害・気候変動へのレジリエンス向上　　④原料・調達先の確保

⑵　①収益の改善　　②事業停止リスク回避　　③原料・調達先の確保
　　④災害・気候変動へのレジリエンスの向上

⑶　①事業停止リスク回避　　②原料・調達先の確保　　③収益の改善

④災害・気候変動へのレジリエンスの向上

(4) ①災害・気候変動へのレジリエンス向上　②原料・調達先の確保
③収益の改善　④事業停止リスク回避

▶▶解説

図表　ESGを考慮した事業性評価指標の例

実施する目的		考慮すべき点	想定される事業への効果	想定される環境への効果
融資回避の検討	事業停止リスク回避	・排水で近隣河川等を汚染しないか	・水質汚染による事業停止を回避	・近隣河川等の水質を保全
		・PKS調達で、重大な環境問題がないか	・森林伐採等による事業停止を回避	・森林や生物多様性を保全
リスク・機会の検討	原料・調達先の確保	・地域の農業を持続的に継続できるか	・安定した収穫量の長期的な確保	・土壌や地下水を保全
		・地域資源を活用できないか	・安定した木材チップの供給を確保	・山林の保全や管理
		・再植林費用を含む価格設定か	・安定した木材チップの供給を確保	・山林の保全や管理
	収益の改善	・水使用を抑制しているか	・費用の削減	・水不足の緩和
		・技術を活用し、解決できる社会課題があるか	・ニーズの拡大による売上増加	・食糧危機の緩和
		・廃棄物から商品を作れないか	・廃棄物処理費用削減、売上増加	・廃棄物削減
		・耕作放棄地で新たな作物を栽培できないか	・土地開発費用削減、売上増加	・農地の多面的機能の保全
		・資源の高度化利用ができないか	・付加価値の向上による売上増加	・資源利用量削減、CO2削減
		・省エネ設備でエネルギー使用を抑制できるか	・エネルギー費用削減	・エネルギー使用量の削減
	災害・気候変動へのレジリエンスの向上	・水使用を抑制できるか	・水不足時にも事業継続が可能	・水不足を緩和
		・災害時にも機能を維持できるか	・自然災害時にも事業継続が可能	–
環境・社会へのインパクト評価		・事業によるCO2、廃棄物削減量や水、エネルギー利用量および雇用創出数などを評価		

出所：環境省 「事例から学ぶESG地域金融のあり方－ESG地域金融の普及に向けて－」
(2019年3月) P.26

よって、(3)が正解である。

正解 (3)

◆金融アクセスと金融包摂

【出題】

ＳＤＧｓやＥＳＧに取り組む上で重要とされる「金融包摂」の考え方に関する次の記述の中で、正しいものを一つ選びなさい。

(1) マイクロファイナンスやFinTech（フィンテック）などの新たな仕組みや技術を通じて金融アクセスを提供することは、金融包摂にあたる。

(2) 小規模事業者が発電事業などの大規模初期投資を必要とする新規事業に取り組む際、信用力不足から資金調達が困難な状況に陥ることがある。これを解決することは、金融包摂にはあたらない。

(3) 日本における金融包摂の議論では、金融に関する知識不足や信用力不足により金融口座を持つことができず、金融にアクセスできない人々が相当数存在することが課題となっている。

(4) 地域金融機関は、既存顧客へのサービスを充実させていくことによって、金融包摂を実現することができる。

▶▶*解説* --

日本では現在のところ、金融口座が作れないなど金融アクセスが難しい層は限られているが、途上国では金融に関する知識不足や信用力不足により金融口座を持つことができず、金融にアクセスできない人々が相当数存在する。それらの人々に、マイクロファイナンスやFinTech（フィンテック）などの新たな仕組みや技術を通じて金融アクセスを提供することで、貧困からの脱却等を支援するのが、「金融包摂」の考え方である。日本における金融包摂の議論では、高齢者や障がい者等の様々な利用者に対する金融アクセスが一つの議題となっている。

さらに、広義の金融包摂とは、必要な人に必要な時に必要な金融アクセスをスムーズに提供することを包含していると考えられる。例えば、小規模事業者が発電事業などの大規模初期投資を必要とする新規事業に取り組む際、信用力不足から資金調達が難しい状況がある。金融機関には、中長期的な見通しを持って事業者に寄り添い、経営力を強化すべく教導しながら、金融アクセスを融通することが求められる。また、非正規雇用や失業等により低所得層が増えているが、貧困から抜け出すために起業を志しても資金調達が難しいといったケースも存在する。こうした金融排除層に対し、公的制度も含めた金融支援を提供し、貧困から抜け出す手助けをすることも金融の使命の一つである。

(1) 設問記述のとおり。よって正しい。

(2) 広義の金融包摂は、必要な人に必要な時に必要な金融アクセスをスムーズに提供することを包含していると考えられ、信用力不足から資金調達が難しい中小企業に対して金融アクセスを融通することは、金融包摂にあたる。よって誤り。

(3) 日本では現在のところ、金融口座が作れないなど金融アクセスが難しい層は限られており、日本における金融包摂の議論では、高齢者や障がい者等の様々な利用者に対する金融アクセスが一つの議題となっている。よって誤り。

(4) ＳＤＧｓ時代の地域金融機関は、誰が金融アクセスに難を抱えているのか、社会課題の解決に寄与する金融サービスとはどのようなものかを自ら問い続け、広義の金融包摂を実現していくべきである。よって誤り。

正解 (1)

巻末資料 SDG s「17 の目標」と「169 のターゲット・指標」

[目標 1：貧困をなくそう] のターゲットと指標は下表のとおり。

ターゲット		指標	
1.1	2030 年までに、現在1日1.25ドル未満で生活する人々と定義されている極度の貧困をあらゆる場所で終わらせる。	1.1.1	国際的な貧困ラインを下回って生活している人口の割合(性別、年齢、雇用形態、地理的ロケーション（都市/地方）別)
1.2	2030 年までに、各国定義によるあらゆる次元の貧困状態にある、全ての年齢の男性、女性、子供の割合を半減させる。	1.2.1	各国の貧困ラインを下回って生活している人口の割合(性別、年齢別)
		1.2.2	各国の定義に基づき、あらゆる次元で貧困ラインを下回って生活している男性、女性及び子供の割合(全年齢)
1.3	各国において最低限の基準を含む適切な社会保護制度及び対策を実施し、2030 年までに貧困層及び脆弱層に対し十分な保護を達成する。	1.3.1	社会保障制度によって保護されている人口の割合（性別、子供、失業者、年配者、障害者、妊婦、新生児、労務災害被害者、貧困層、脆弱層別)
1.4	2030 年までに、貧困層及び脆弱層をはじめ、全ての男性及び女性が、基礎的サービスへのアクセス、土地及びその他の形態の財産に対する所有権と管理権限、相続財産、天然資源、適切な新技術、マイクロファイナンスを含む金融サービスに加え、経済的資源についても平等な権利を持つことができるように確保する。	1.4.1	基礎的サービスにアクセスできる世帯に住んでいる人口の割合
		1.4.2	(a)土地に対し、法律上認められた書類により、安全な所有権を有している全成人の割合（性別、保有の種類別) (b)土地の権利が安全であると認識している全成人の割合（性別、保有の種類別)
1.5	2030 年までに、貧困層や脆弱な状況にある人々の強靱性（レジリエンス）を構築し、気候変動に関連する極端な気象現象やその他の経済、社会、環境的ショックや災害に暴露や脆弱性を軽減する。	1.5.1	10万人当たりの災害による死者数、行方不明者数、直接的負傷者数
		1.5.2	グローバルGDPに関する災害による直接的経済損失
		1.5.3	仙台防災枠組み 2015-2030 に沿った国家レベルの防災戦略を採択し実行している国の数（指標 11.b.1 及び 13.1.2 と同一指標)

ターゲット		指標	
		1.5.4	国家防災戦略に沿った地方レベルの防災戦略を採択し実行している地方政府の割合（指標 11.b.2 及び 13.1.3 と同一指標）
1.a	あらゆる次元での貧困を終わらせるための計画や政策を実施するべく、後発開発途上国をはじめとする開発途上国に対して適切かつ予測可能な手段を講じるため、開発協力の強化などを通じて、さまざまな供給源からの相当量の資源の動員を確保する。	1.a.1	政府によって貧困削減計画に直接割り当てられた国内で生み出された資源の割合
		1.a.2	総政府支出額に占める、必要不可欠なサービス（教育、健康、及び社会的な保護）への政府支出総額の割合
		1.a.3	貧困削減計画に直接割り当てられた助成金及び非譲渡債権の割合(GDP 比)
1.b	貧困撲滅のための行動への投資拡大を支援するため、国、地域及び国際レベルで、貧困層やジェンダーに配慮した開発戦略に基づいた適正な政策的枠組みを構築する。	1.b.1	女性、貧困層及び脆弱層グループに重点的に支援を行うセクターへの政府からの周期的な資本投資

［目標２：飢餓をゼロに］のターゲットと指標は下表のとおり。

ターゲット		指標	
2.1	2030 年までに、飢餓を撲滅し、全ての人々、特に貧困層及び幼児を含む脆弱な立場にある人々が一年中安全かつ栄養のある食料を十分得られるようにする。	2.1.1	栄養不足蔓延率（PoU）
		2.1.2	食料不安の経験尺度(FIES)に基づく、中程度又は重度な食料不安の蔓延度
2.2	5 歳未満の子供の発育阻害や消耗性疾患について国際的に合意されたターゲットを 2025 年までに達成するなど、2030 年までにあらゆる形態の栄養不良を解消し、若年女子、妊婦・授乳婦及び高齢者の栄養ニーズへの対処を行う。	2.2.1	5 歳未満の子供の発育阻害の蔓延度（WHO 子ども成長基準で、年齢に対する身長が中央値から標準偏差-2 未満）
		2.2.2	5 歳未満の子供の栄養不良の蔓延度（WHO の子ども成長基準で、身長に対する体重が、中央値から標準偏差+2 超又は-2 未満）（タイプ別（やせ及び肥満））

ターゲット		指標	
2.3	2030年までに、土地、その他の生産資源や、投入財、知識、金融サービス、市場及び高付加価値化や非農業雇用の機会への確実かつ平等なアクセスの確保などを通じて、女性、先住民、家族農家、牧畜民及び漁業者をはじめとする小規模食料生産者の農業生産性及び所得を倍増させる。	2.3.1	農業/牧畜/林業企業規模の分類ごとの労働単位あたり生産額
		2.3.2	小規模食料生産者の平均的な収入(性別、先住民・非先住民の別)
2.4	2030年までに、生産性を向上させ、生産量を増やし、生態系を維持し、気候変動や極端な気象現象、干ばつ、洪水及びその他の災害に対する適応能力を向上させ、漸進的に土地と土壌の質を改善させるような、持続可能な食料生産システムを確保し、強靭(レジリエント)な農業を実践する。	2.4.1	生産的で持続可能な農業の下に行われる農業地域の割合
2.5	2020年までに、国、地域及び国際レベルで適正に管理及び多様化された種子・植物バンクなども通じて、種子、栽培植物、飼育・家畜化された動物及びこれらの近縁野生種の遺伝的多様性を維持し、国際的合意に基づき、遺伝資源及びこれに関連する伝統的な知識へのアクセス及びその利用から生じる利益の公正かつ衡平な配分を促進する。	2.5.1	中期又は長期保存施設に保存されている食料及び農業のための植物及び動物の遺伝資源の数
		2.5.2	絶滅の危機にある、絶滅の危機にはない、又は、不明というレベルごとに分類された在来種の割合
2.a	開発途上国、特に後発開発途上国における農業生産能力向上のために、国際協力の強化などを通じて、農村インフラ、農業研究・普及サービス、技術開発及び植物・家畜のジーン・バンクへの投資の拡大を図る。	2.a.1	政府支出における農業指向指数
		2.a.2	農業部門への公的支援の全体的な流れ(ODA及び他の公的支援の流れ)

資料

ターゲット		指標	
2.b	ドーハ開発ラウンドのマンデートに従い、全ての農産物輸出補助金及び同等の効果を持つ全ての輸出措置の同時撤廃などを通じて、世界の市場における貿易制限や歪みを是正及び防止する。	2.b.1	農業輸出補助金
2.c	食料価格の極端な変動に歯止めをかけるため、食料市場及びデリバティブ市場の適正な機能を確保するための措置を講じ、食料備蓄などの市場情報への適時のアクセスを容易にする。	2.c.1	食料価格の変動指数（IFPA）

［目標3：すべての人に健康と福祉を］のターゲットと指標は下表のとおり。

ターゲット		指標	
3.1	2030年までに、世界の妊産婦の死亡率を出生10万人当たり70人未満に削減する。	3.1.1	妊産婦死亡率
		3.1.2	専門技能者の立ち会いの下での出産の割合
3.2	全ての国が新生児死亡率を少なくとも出生1,000件中12件以下まで減らし、5歳以下死亡率を少なくとも出生1,000件中25件以下まで減らすことを目指し、2030年までに、新生児及び5歳未満児の予防可能な死亡を根絶する。	3.2.1	5歳未満児死亡率
		3.2.2	生児死亡率
3.3	2030年までに、エイズ、結核、マラリア及び顧みられない熱帯病といった伝染病を根絶するとともに肝炎、水系感染症及びその他の感染症に対処する。	3.3.1	非感染者1,000人当たりの新規HIV感染者数（性別、年齢及び主要層別）
		3.3.2	10万人当たりの結核感染者数
		3.3.3	1,000人当たりのマラリア感染者数
		3.3.4	10万人当たりのB型肝炎感染者数
		3.3.5	「顧みられない熱帯病」（NTDs）に対して介入を必要としている人々の数
3.4	2030年までに、非感染性疾患による若年死亡率を、予防や治療を通じて3分の1減少させ、精神保健及び福祉を促進する。	3.4.1	心血管疾患、癌、糖尿病、又は慢性の呼吸器系疾患の死亡率
		3.4.2	自殺率

ターゲット		指標	
3.5	薬物乱用やアルコールの有害な摂取を含む、物質乱用の防止・治療を強化する。	3.5.1	物質使用障害に対する治療介入（薬理学的、心理社会的、リハビリ及びアフターケア・サービス）の適用範囲
		3.5.2	1年間（暦年）の純アルコール量における、（15歳以上の）1人当たりのアルコール消費量に対しての各国の状況に応じ定義されたアルコールの有害な使用（ℓ）
3.6	2020年までに、世界の道路交通事故による死傷者を半減させる。	3.6.1	道路交通事故による死亡率
3.7	2030年までに、家族計画、情報・教育及び性と生殖に関する健康の国家戦略・計画への組み入れを含む、性と生殖に関する保健サービスを全ての人々が利用できるようにする。	3.7.1	近代的手法によって、家族計画についての自らの要望が満たされている出産可能年齢（15～49歳）にある女性の割合
		3.7.2	女性1,000人当たりの青年期（10～14歳；15～19歳）の出生率
3.8	全ての人々に対する財政リスクからの保護、質の高い基礎的な保健サービスへのアクセス及び安全で効果的かつ質が高く安価な必須医薬品とワクチンへのアクセスを含む、ユニバーサル・ヘルス・カバレッジ（UHC）を達成する。	3.8.1	必要不可欠な保健サービスのカバー率（一般及び最も不利な立場の人々についての、生殖、妊婦、新生児及び子供の健康、感染性疾患、非感染性疾患、サービス能力とアクセスを含む追跡可能な介入を基にした必要不可欠なサービスの平均的なカバー率と定義）
		3.8.2	家計の支出又は所得に占める健康関連支出が大きい人口の割合
3.9	2030年までに、有害化学物質、並びに大気、水質及び土壌の汚染による死亡及び疾病の件数を大幅に減少させる。	3.9.1	家庭内及び外部の大気汚染による死亡率
		3.9.2	安全ではない水、安全ではない公衆衛生及び衛生知識不足（安全ではないWASH（基本的な水と衛生）にさらされていること）による死亡率
		3.9.3	意図的ではない汚染による死亡率
3.a	全ての国々において、たばこの規制に関する世界保健機関枠組条約の実施を適宜強化する。	3.a.1	15歳以上の現在の喫煙率（年齢調整されたもの）

資料

ターゲット		指標	
3.b	主に開発途上国に影響を及ぼす感染性及び非感染性疾患のワクチン及び医薬品の研究開発を支援する。また、知的所有権の貿易関連の側面に関する協定（TRIPS協定）及び公衆の健康に関するドーハ宣言に従い、安価な必須医薬品及びワクチンへのアクセスを提供する。同宣言は公衆衛生保護及び、特に全ての人々への医薬品のアクセス提供にかかわる「知的所有権の貿易関連の側面に関する協定(TRIPS協定)」の柔軟性に関する規定を最大限に行使する開発途上国の権利を確約したものである。	3.b.1	各国の国家計画に含まれる全てのワクチンによってカバーされている対象人口の割合
		3.b.2	薬学研究や基礎的保健部門への純ODAの合計値
		3.b.3	持続可能な水準で、関連必須医薬品コアセットが入手可能かつその価格が手頃である保健施設の割合
3.c	開発途上国、特に後発開発途上国及び小島嶼開発途上国において保健財政及び保健人材の採用、能力開発・訓練及び定着を大幅に拡大させる。	3.c.1	医療従事者の密度と分布
3.d	全ての国々、特に開発途上国の国家・世界規模な健康危険因子の早期警告、危険因子緩和及び危険因子管理のための能力を強化する。	3.d.1	国際保健規則（IHR）キャパシティと健康危機への備え

［目標４：質の高い教育をみんなに］のターゲットと指標は下表のとおり。

ターゲット		指標	
4.1	2030年までに、全ての子供が男女の区別なく、適切かつ効果的な学習成果をもたらす、無償かつ公正で質の高い初等教育及び中等教育を修了できるようにする。	4.1.1	(i)読解力、(ii)算数について、最低限の習熟度に達している次の子供や若者の割合（性別ごと）
4.2	2030年までに、全ての子供が男女の区別なく、質の高い乳幼児の発達・ケア及び就学前教育にアクセスすることにより、初等教育を受ける準備が整うようにする。	4.2.1	健康、学習及び心理社会的な幸福について、順調に発育している5歳未満の子供の割合(性別ごと)
		4.2.2	（小学校に入学する年齢より1年前の時点で）体系的な学習に参加している者の割合（性別ごと）

ターゲット		指標	
4.3	2030年までに、全ての人々が男女の区別なく、手の届く質の高い技術教育・職業教育及び大学を含む高等教育への平等なアクセスを得られるようにする。	4.3.1	過去12か月に学校教育や学校教育以外の教育に参加している若者又は成人の割合（性別ごと）
4.4	2030年までに、技術的・職業的スキルなど、雇用、働きがいのある人間らしい仕事及び起業に必要な技能を備えた若者と成人の割合を大幅に増加させる。	4.4.1	ICTスキルを有する若者や成人の割合（スキルのタイプ別）
4.5	2030年までに、教育におけるジェンダー格差を無くし、障害者、先住民及び脆弱な立場にある子供など、脆弱層があらゆるレベルの教育や職業訓練に平等にアクセスできるようにする。	4.5.1	詳細集計可能な、本リストに記載された全ての教育指数のための、パリティ指数（女性/男性、地方/都市、富の五分位数の底/トップ、またその他に、障害状況、先住民、紛争の影響を受けた者等の利用可能なデータ）
4.6	2030年までに、全ての若者及び大多数（男女ともに）の成人が、読み書き能力及び基本的計算能力を身に付けられるようにする。	4.6.1	実用的な(a)読み書き能力、(b)基本的計算能力において、少なくとも決まったレベルを達成した所定の年齢層の人口割合（性別ごと）
4.7	2030年までに、持続可能な開発のための教育及び持続可能なライフスタイル、人権、男女の平等、平和及び非暴力的文化の推進、グローバル・シチズンシップ、文化多様性と文化の持続可能な開発への貢献の理解の教育を通して、全ての学習者が、持続可能な開発を促進するために必要な知識及び技能を習得できるようにする。	4.7.1	ジェンダー平等および人権を含む、(i)地球市民教育、及び(ii)持続可能な開発のための教育が、(a)各国の教育政策、(b)カリキュラム、(c)教師の教育、及び(d)児童・生徒・学生の達成度評価に関して、全ての教育段階において主流化されているレベル
4.a	子供、障害及びジェンダーに配慮した教育施設を構築・改良し、全ての人々に安全で非暴力的、包摂的、効果的な学習環境を提供できるようにする。	4.a.1	以下の設備等が利用可能な学校の割合 (a)電気、(b)教育を目的としたインターネット、(c)教育を目的としたコンピュータ、(d)障害を持っている学生のための適切な設備・教材、(e)基本的な飲料水、(f)男女別の基本的なトイレ、(g)基本的な手洗い施設（WASH指標の定義別）

資料

ターゲット		指標	
4.b	2020年までに、開発途上国、特に後発開発途上国及び小島嶼開発途上国、並びにアフリカ諸国を対象とした、職業訓練、情報通信技術(ICT)、技術・工学・科学プログラムなど、先進国及びその他の開発途上国における高等教育の奨学金の件数を全世界で大幅に増加させる。	4.b.1	奨学金のためのODAフローの量(部門と研究タイプ別)
4.c	2030年までに、開発途上国、特に後発開発途上国及び小島嶼開発途上国における教員研修のための国際協力などを通じて、質の高い教員の数を大幅に増加させる。	4.c.1	各国における適切なレベルでの教育を行うために、最低限制度化された養成研修あるいは現職研修(例：教授法研修)を受けた(a)就学前教育、(b)初等教育、(c)前期中等教育、(d)後期中等教育に従事する教員の割合

[目標5：ジェンダー平等を実現しよう]のターゲットと指標は下表のとおり。

ターゲット		指標	
5.1	あらゆる場所における全ての女性及び女児に対するあらゆる形態の差別を撤廃する。	5.1.1	性別に基づく平等と差別撤廃を促進、実施及びモニターするための法律の枠組みが制定されているかどうか
5.2	人身売買や性的、その他の種類の搾取など、全ての女性及び女児に対する、公共・私的空間におけるあらゆる形態の暴力を排除する。	5.2.1	これまでにパートナーを得た15歳以上の女性や少女のうち、過去12か月以内に、現在、または以前の親密なパートナーから身体的、性的、精神的暴力を受けた者の割合(暴力の形態、年齢別)
		5.2.2	過去12か月以内に、親密なパートナー以外の人から性的暴力を受けた15歳以上の女性や少女の割合(年齢、発生場所別)
5.3	未成年者の結婚、早期結婚、強制結婚及び女性器切除など、あらゆる有害な慣行を撤廃する。	5.3.1	15歳未満、18歳未満で結婚又はパートナーを得た20～24歳の女性の割合
		5.3.2	女性性器切除を受けた15歳～49歳の少女や女性の割合(年齢別)

ターゲット		指標	
5.4	公共のサービス、インフラ及び社会保障政策の提供、並びに各国の状況に応じた世帯・家族内における責任分担を通じて、無報酬の育児・介護や家事労働を認識・評価する。	5.4.1	無償の家事・ケア労働に費やす時間の割合（性別、年齢、場所別）
5.5	政治、経済、公共分野でのあらゆるレベルの意思決定において、完全かつ効果的な女性の参画及び平等なリーダーシップの機会を確保する。	5.5.1	国会及び地方議会において女性が占める議席の割合
		5.5.2	管理職に占める女性の割合
5.6	国際人口・開発会議（ICPD）の行動計画及び北京行動綱領、並びにこれらの検証会議の成果文書に従い、性と生殖に関する健康及び権利への普遍的アクセスを確保する。	5.6.1	性的関係、避妊、リプロダクティブ・ヘルスケアについて、自分で意思決定を行うことのできる15歳～49歳の女性の割合
		5.6.2	15歳以上の女性及び男性に対し、セクシュアル/リプロダクティブ・ヘルスケア、情報、教育を保障する法律や規定を有する国の数
5.a	女性に対し、経済的資源に対する同等の権利、並びに各国法に従い、オーナーシップ及び土地その他の財産、金融サービス、相続財産、天然資源に対するアクセスを与えるための改革に着手する。	5.a.1	(a)農地への所有権又は保障された権利を有する総農業人口の割合（性別ごと） (b)農地所有者又は権利者における女性の割合（所有条件別）
		5.a.2	土地所有及び/又は管理に関する女性の平等な権利を保障している法的枠組（慣習法を含む）を有する国の割合
5.b	女性の能力強化促進のため、ICTをはじめとする実現技術の活用を強化する。	5.b.1	携帯電話を所有する個人の割合（性別ごと）
5.c	ジェンダー平等の促進、並びに全ての女性及び女子のあらゆるレベルでの能力強化のための適正な政策及び拘束力のある法規を導入・強化する。	5.c.1	ジェンダー平等及び女性のエンパワーメントのための公的資金を監視、配分するシステムを有する国の割合

［目標６：安全な水とトイレを世界中に］のターゲットと指標は下表のとおり。

ターゲット		指標	
6.1	2030年までに、全ての人々の、安全で安価な飲料水の普遍的かつ衡平なアクセスを達成する。	6.1.1	安全に管理された飲料水サービスを利用する人口の割合
6.2	2030年までに、全ての人々の、適切かつ平等な下水施設・衛生施設へのアクセスを達成し、野外での排泄をなくす。女性及び女児、並びに脆弱な立場にある人々のニーズに特に注意を払う。	6.2.1	(a)安全に管理された公衆衛生サービスを利用する人口の割合、(b)石けんや水のある手洗い場を利用する人口の割合
6.3	2030年までに、汚染の減少、投棄の廃絶と有害な化学物・物質の放出の最小化、未処理の排水の割合半減及び再生利用と安全な再利用の世界的規模で大幅に増加させることにより、水質を改善する。	6.3.1	安全に処理された排水の割合
		6.3.2	良好な水質を持つ水域の割合
6.4	2030年までに、全セクターにおいて水利用の効率を大幅に改善し、淡水の持続可能な採取及び供給を確保し水不足に対処するとともに、水不足に悩む人々の数を大幅に減少させる。	6.4.1	水の利用効率の経時変化
		6.4.2	水ストレスレベル：淡水資源量に占める淡水採取量の割合
6.5	2030年までに、国境を越えた適切な協力を含む、あらゆるレベルでの統合水資源管理を実施する。	6.5.1	統合水資源管理（IWRM）実施の度合い（0-100）
		6.5.2	水資源協力のための運営協定がある越境流域の割合
6.6	2020年までに、山地、森林、湿地、河川、帯水層、湖沼を含む水に関連する生態系の保護・回復を行う。	6.6.1	水関連生態系範囲の経時変化
6.a	2030年までに、集水、海水淡水化、水の効率的利用、排水処理、リサイクル・再利用技術を含む開発途上国における水と衛生分野での活動と計画を対象とした国際協力と能力構築支援を拡大する。	6.a.1	政府調整支出計画の一部である上下水道関連のODAの総量
6.b	水と衛生に関わる分野の管理向上における地域コミュニティの参加を支援・強化する。	6.b.1	上下水道管理への地方コミュニティの参加のために制定し、運営されている政策及び手続のある地方公共団体の割合

[目標7:エネルギーをみんなにそしてクリーンに] のターゲットと指標は下表のとおり。

ターゲット		指標	
7.1	2030年までに、安価かつ信頼できる現代的エネルギーサービスへの普遍的アクセスを確保する。	7.1.1	電気を受電可能な人口比率
		7.1.2	家屋の空気を汚さない燃料や技術に依存している人口比率
7.2	2030年までに、世界のエネルギーミックスにおける再生可能エネルギーの割合を大幅に拡大させる。	7.2.1	最終エネルギー消費量に占める再生可能エネルギー比率
7.3	2030年までに、世界全体のエネルギー効率の改善率を倍増させる。	7.3.1	エネルギー強度（GDP当たりの一次エネルギー）
7.a	2030年までに、再生可能エネルギー、エネルギー効率及び先進的かつ環境負荷の低い化石燃料技術などのクリーンエネルギーの研究及び技術へのアクセスを促進するための国際協力を強化し、エネルギー関連インフラとクリーンエネルギー技術への投資を促進する。	7.a.1	クリーンなエネルギー研究及び開発と、ハイブリッドシステムに含まれる再生可能エネルギー生成への支援に関する発展途上国に対する国際金融フロー。
7.b	2030年までに、各々の支援プログラムに沿って開発途上国、特に後発開発途上国及び小島嶼開発途上国、内陸開発途上国の全ての人々に現代的で持続可能なエネルギーサービスを供給できるよう、インフラ拡大と技術向上を行う。	7.b.1	持続可能なサービスへのインフラや技術のための財源移行におけるGDPに占めるエネルギー効率への投資（%）及び海外直接投資の総量

[目標8：働きがいも経済成長も] のターゲットと指標は下表のとおり。

ターゲット		指標	
8.1	各国の状況に応じて、一人当たり経済成長率を持続させる。特に後発開発途上国は少なくとも年率7%の成長率を保つ。	8.1.1	一人当たりの実質GDPの年間成長率
8.2	高付加価値セクターや労働集約型セクターに重点を置くことなどにより、多様化、技術向上及びイノベーションを通じた高いレベルの経済生産性を達成する。	8.2.1	就業者一人当たりの実質GDPの年間成長率

ターゲット		指標	
8.3	生産活動や適切な雇用創出、起業、創造性及びイノベーションを支援する開発重視型の政策を促進するとともに、金融サービスへのアクセス改善などを通じて中小零細企業の設立や成長を奨励する。	8.3.1	農業以外におけるインフォーマル雇用の割合（性別ごと）
8.4	2030年までに、世界の消費と生産における資源効率を漸進的に改善させ、先進国主導の下、持続可能な消費と生産に関する10年計画枠組みに従い、経済成長と環境悪化の分断を図る。	8.4.1	マテリアルフットプリント（MF)、一人当たりMF及びGDP当たりのMF（指標12.2.1と同一指標）
		8.4.2	天然資源等消費量（DMC)、一人当たりのDMC及びGDP当たりのDMC (指標12.2.2と同一指標)
8.5	2030年までに、若者や障害者を含む全ての男性及び女性の、完全かつ生産的な雇用及び働きがいのある人間らしい仕事、並びに同一労働同一賃金を達成する。	8.5.1	女性及び男性労働者の平均時給（職業、年齢、障害者別）
		8.5.2	失業率（性別、年齢、障害者別）
8.6	2020年までに、就労、就学及び職業訓練のいずれも行っていない若者の割合を大幅に減らす。	8.6.1	就労、就学及び職業訓練のいずれも行っていない15～24歳の若者の割合
8.7	強制労働を根絶し、現代の奴隷制、人身売買を終らせるための緊急かつ効果的な措置の実施、最悪な形態の児童労働の禁止及び撲滅を確保する。2025年までに児童兵士の募集と使用を含むあらゆる形態の児童労働を撲滅する。	8.7.1	児童労働者（5～17歳）の割合と数（性別、年齢別）
8.8	移住労働者、特に女性の移住労働者や不安定な雇用状態にある労働者など、全ての労働者の権利を保護し、安全・安心な労働環境を促進する。	8.8.1	致命的及び非致命的な労働災害の発生率（性別、移住状況別）
		8.8.2	国際労働機関（ILO）原文ソース及び国内の法律に基づく、労働権利（結社及び団体交渉の自由）における国内コンプライアンスのレベル（性別、移住状況別）
8.9	2030年までに、雇用創出、地方の文化振興・産品販促につながる持続可能な観光業を促進するための政策を立案し実施する。	8.9.1	全GDP及びGDP成長率に占める割合としての観光業の直接GDP
		8.9.2	全観光業における従業員数に占める持続可能な観光業の従業員数の割合

ターゲット		指標	
8.10	国内の金融機関の能力を強化し、全ての人々の銀行取引、保険及び金融サービスへのアクセスを促進・拡大する。	8.10.1	成人10万人当たりの商業銀行の支店数及びATM数
		8.10.2	銀行や他の金融機関に口座を持つ、又はモバイルマネーサービスを利用する成人（15歳以上）の割合
8.a	後発開発途上国への貿易関連技術支援のための拡大統合フレームワーク（EIF）などを通じた支援を含む、開発途上国、特に後発開発途上国に対する貿易のための援助を拡大する。	8.a.1	貿易のための援助に対するコミットメントや支出
8.b	2020年までに、若年雇用のための世界的戦略及び国際労働機関（ILO）の仕事に関する世界協定の実施を展開・運用化する。	8.b.1	国家雇用戦略とは別途あるいはその一部として開発され運用されている若年雇用のための国家戦略の有無

［目標９：産業と技術革新の基盤をつくろう］のターゲットと指標は下表のとおり。

ターゲット		指標	
9.1	全ての人々に安価で公平なアクセスに重点を置いた経済発展と人間の福祉を支援するために、地域・越境インフラを含む質の高い、信頼でき、持続可能かつ強靱（レジリエント）なインフラを開発する。	9.1.1	全季節利用可能な道路の2km圏内に住んでいる地方の人口の割合
		9.1.2	旅客と貨物量（交通手段別）
9.2	包摂的かつ持続可能な産業化を促進し、2030年までに各国の状況に応じて雇用及びGDPに占める産業セクターの割合を大幅に増加させる。後発開発途上国については同割合を倍増させる。	9.2.1	GDPに占める製造業付加価値の割合及び一人当たり製造業付加価値
		9.2.2	全産業就業者数に占める製造業就業者数の割合
9.3	特に開発途上国における小規模の製造業その他の企業の、安価な資金貸付などの金融サービスやバリューチェーン及び市場への統合へのアクセスを拡大する。	9.3.1	産業の合計付加価値のうち小規模産業の占める割合
		9.3.2	ローン又は与信枠が設定された小規模製造業の割合

ターゲット		指標	
9.4	2030年までに、資源利用効率の向上とクリーン技術及び環境に配慮した技術・産業プロセスの導入拡大を通じたインフラ改良や産業改善により、持続可能性を向上させる。全ての国々は各国の能力に応じた取組を行う。	9.4.1	付加価値の単位当たりのCO2排出量
9.5	2030年までにイノベーションを促進させることや100万人当たりの研究開発従事者数を大幅に増加させ、また官民研究開発の支出を拡大させるなど、開発途上国をはじめとする全ての国々の産業セクターにおける科学研究を促進し、技術能力を向上させる。	9.5.1	GDPに占める研究開発への支出
		9.5.2	100万人当たりの研究者（フルタイム相当）
9.a	アフリカ諸国、後発開発途上国、内陸開発途上国及び小島嶼開発途上国への金融・テクノロジー・技術の支援強化を通じて、開発途上国における持続可能かつ強靱（レジリエント）なインフラ開発を促進する。	9.a.1	インフラへの公的国際支援の総額（ODAその他公的フロー）
9.b	産業の多様化や商品への付加価値創造などに資する政策環境の確保などを通じて、開発途上国の国内における技術開発、研究及びイノベーションを支援する。	9.b.1	全付加価値における中位並びに先端テクノロジー産業の付加価値の割合
9.c	後発開発途上国において情報通信技術へのアクセスを大幅に向上させ、2020年までに普遍的かつ安価なインターネットアクセスを提供できるよう図る。	9.c.1	モバイルネットワークにアクセス可能な人口の割合（技術別）

［目標10：人や国の不平等をなくそう］のターゲットと指標は下表のとおり。

ターゲット		指標	
10.1	2030年までに、各国の所得下位40%の所得成長率について、国内平均を上回る数値を漸進的に達成し、持続させる。	10.1.1	1人当たりの家計支出又は所得の成長率（人口の下位40%のもの、総人口のもの）

ターゲット		指標	
10.2	2030年までに、年齢、性別、障害、人種、民族、出自、宗教、あるいは経済的地位その他の状況に関わりなく、全ての人々の能力強化及び社会的、経済的及び政治的な包含を促進する。	10.2.1	中位所得の半分未満で生活する人口の割合（年齢、性別、障害者別）
10.3	差別的な法律、政策及び慣行の撤廃、並びに適切な関連法規、政策、行動の促進などを通じて、機会均等を確保し、成果の不平等を是正する。	10.3.1	国際人権法の下で禁止されている差別の理由において、過去12か月の間に差別又は嫌がらせを個人的に感じたと報告した人口の割合
10.4	税制、賃金、社会保障政策をはじめとする政策を導入し、平等の拡大を漸進的に達成する。	10.4.1	賃金及び社会保障給付から成るGDP労働分配率
10.5	世界金融市場と金融機関に対する規制とモニタリングを改善し、こうした規制の実施を強化する。	10.5.1	金融健全性指標
10.6	地球規模の国際経済・金融制度の意思決定における開発途上国の参加や発言力を拡大させることにより、より効果的で信用力があり、説明責任のある正当な制度を実現する。	10.6.1	国際機関における開発途上国のメンバー数及び投票権の割合(指標16.8.1と同一指標)
10.7	計画に基づき良く管理された移民政策の実施などを通じて、秩序のとれた、安全で規則的かつ責任ある移住や流動性を促進する。	10.7.1	従業者が移住先の国で稼いだ月収に占める、その従業者が移住先の国で仕事を探すに当たって（自ら）負担した費用の割合
		10.7.2	秩序のとれた、安全で規則的かつ責任ある移住や流動性を促進する移住政策を持つ国の数
10.a	世界貿易機関（WTO）協定に従い、開発途上国、特に後発開発途上国に対する特別かつ異なる待遇の原則を実施する。	10.a.1	後発開発途上国や開発途上国からの輸入品に適用されるゼロ関税の関税分類品目（タリフライン）の割合

ターゲット		指標	
10.b	各国の国家計画やプログラムに従って、後発開発途上国、アフリカ諸国、小島嶼開発途上国及び内陸開発途上国を始めとする、ニーズが最も大きい国々への、政府開発援助（ODA）及び海外直接投資を含む資金の流入を促進する。	10.b.1	開発のためのリソースフローの総額（受援国及び援助国、フローの流れ（例：ODA、外国直接投資、その他）別）
10.c	2030年までに、移住労働者による送金コストを3%未満に引き下げ、コストが5%を越える送金経路を撤廃する。	10.c.1	総送金額の割合に占める送金コスト

［目標11：住み続けられるまちづくりを］のターゲットと指標は下表のとおり。

ターゲット		指標	
11.1	2030年までに、全ての人々の、適切、安全かつ安価な住宅及び基本的サービスへのアクセスを確保し、スラムを改善する。	11.1.1	スラム、インフォーマルな居住地及び不適切な住宅に居住する都市人口の割合
11.2	2030年までに、脆弱な立場にある人々、女性、子供、障害者及び高齢者のニーズに特に配慮し、公共交通機関の拡大などを通じた交通の安全性改善により、全ての人々に、安全かつ安価で容易に利用できる、持続可能な輸送システムへのアクセスを提供する。	11.2.1	公共交通機関へ容易にアクセスできる人口の割合（性別、年齢、障害者別）
11.3	2030年までに、包摂的かつ持続可能な都市化を促進し、全ての国々の参加型、包摂的かつ持続可能な人間居住計画・管理の能力を強化する。	11.3.1	人口増加率と土地利用率の比率
		11.3.2	定期的かつ民主的に運営されている都市計画及び管理に、市民社会が直接参加する仕組みがある都市の割合
11.4	世界の文化遺産及び自然遺産の保護・保全の努力を強化する。	11.4.1	全ての文化及び自然遺産の保全、保護及び保存における総支出額（公的部門、民間部門）（遺産のタイプ別（文化、自然、混合、世界遺産に登録されているもの）、政府レベル別（国、地域、地方、市）、支出タイプ別（営業費、投資）、民間資金のタイプ別（寄付、非営利部門、後援）

ターゲット		指標	
11.5	2030年までに、貧困層及び脆弱な立場にある人々の保護に焦点をあてながら、水関連災害などの災害による死者や被災者数を大幅に削減し、世界の国内総生産比で直接的経済損失を大幅に減らす。	11.5.1	10万人当たりの災害による死者数、行方不明者数、直接的負傷者数（指標1.5.1及び13.1.1と同一指標）
		11.5.2	災害によって起こった、グローバルなGDPに関連した直接経済損失、重要インフラへの被害及び基本サービスの途絶件数
11.6	2030年までに、大気の質及び一般並びにその他の廃棄物の管理に特別な注意を払うことによるものを含め、都市の一人当たりの環境上の悪影響を軽減する。	11.6.1	都市で生み出された固形廃棄物の総量のうち、定期的に収集され適切に最終処理されたものの割合（都市別）
		11.6.2	都市部における微粒子物質（例：PM2.5やPM10）の年平均レベル（人口で加重平均したもの）
11.7	2030年までに、女性、子供、高齢者及び障害者を含め、人々に安全で包摂的かつ利用が容易な緑地や公共スペースへの普遍的アクセスを提供する。	11.7.1	各都市部の建物密集区域における公共スペースの割合の平均（性別、年齢、障害者別）
		11.7.2	過去12か月における身体的又は性的ハラスメントの犠牲者の割合（性別、年齢、障害状況、発生場所別）
11.a	各国・地域規模の開発計画の強化を通じて、経済、社会、環境面における都市部、都市周辺部及び農村部間の良好なつながりを支援する。	11.a.1	人口予測とリソース需要について取りまとめながら都市及び地域開発計画を実行している都市に住んでいる人口の割合（都市の規模別）
11.b	2020年までに、包含、資源効率、気候変動の緩和と適応、災害に対する強靱さ（レジリエンス）を目指す総合的政策及び計画を導入・実施した都市及び人間居住地の件数を大幅に増加させ、仙台防災枠組2015-2030に沿って、あらゆるレベルでの総合的な災害リスク管理の策定と実施を行う。	11.b.1	仙台防災枠組み2015-2030に沿った国家レベルの防災戦略を採択し実行している国の数（指標1.5.3及び13.1.2と同一指標）
		11.b.2	国家防災戦略に沿った地方レベルの防災戦略を採択し実行している地方政府の割合（指標1.5.4及び13.1.3と同一指標）

ターゲット		指標	
11.c	財政的及び技術的な支援などを通じて、後発開発途上国における現地の資材を用いた、持続可能かつ強靱（レジリエント）な建造物の整備を支援する。	11.c.1	現地の資材を用いた、持続可能で強靱（レジリエント）で資源効率的である建造物の建設及び改築に割り当てられた後発開発途上国への財政援助の割合

［目標 12：つくる責任、つかう責任］のターゲットと指標は下表のとおり。

ターゲット		指標	
12.1	開発途上国の開発状況や能力を勘案しつつ、持続可能な消費と生産に関する10年計画枠組み（10YFP）を実施し、先進国主導の下、全ての国々が対策を講じる。	12.1.1	持続可能な消費と生産（SCP）に関する国家行動計画を持っている、又は国家政策に優先事項もしくはターゲットとしてSCPが組み込まれている国の数
12.2	2030年までに天然資源の持続可能な管理及び効率的な利用を達成する。	12.2.1	マテリアルフットプリント（MF）、一人当たりMF及びGDP当たりのMF（指標8.4.1と同一指標）
		12.2.2	天然資源等消費量（DMC）、一人当たりのDMC及びGDP当たりのDMC（指標8.4.2と同一指標）
12.3	2030年までに小売・消費レベルにおける世界全体の一人当たりの食料の廃棄を半減させ、収穫後損失などの生産・サプライチェーンにおける食品ロスを減少させる。	12.3.1	a）食料損耗指数、及びb）食料廃棄指数
12.4	2020年までに、合意された国際的な枠組みに従い、製品ライフサイクルを通じ、環境上適正な化学物質や全ての廃棄物の管理を実現し、人の健康や環境への悪影響を最小化するため、化学物質や廃棄物の大気、水、土壌への放出を大幅に削減する。	12.4.1	有害廃棄物や他の化学物質に関する国際多国間環境協定で求められる情報の提供（報告）の義務を果たしている締約国の数
		12.4.2	有害廃棄物の1人当たり発生量、処理された有害廃棄物の割合（処理手法ごと）
12.5	2030年までに、廃棄物の発生防止、削減、再生利用及び再利用により、廃棄物の発生を大幅に削減する。	12.5.1	各国の再生利用率、リサイクルされた物質のトン数
12.6	特に大企業や多国籍企業などの企業に対し、持続可能な取組を導入し、持続可能性に関する情報を定期報告に盛り込むよう奨励する。	12.6.1	持続可能性に関する報告書を発行する企業の数

ターゲット		指標	
12.7	国内の政策や優先事項に従って持続可能な公共調達の慣行を促進する。	12.7.1	持続可能な公的調達政策及び行動計画を実施している国の数
12.8	2030年までに、人々があらゆる場所において、持続可能な開発及び自然と調和したライフスタイルに関する情報と意識を持つようにする。	12.8.1	気候変動教育を含む、(i)地球市民教育、及び(ii)持続可能な開発のための教育が、(a)各国の教育政策、(b)カリキュラム、(c)教師の教育、及び(d)児童・生徒・学生の達成度評価に関して、全ての教育段階において主流化されているレベル
12.a	開発途上国に対し、より持続可能な消費・生産形態の促進のための科学的・技術的能力の強化を支援する。	12.a.1	持続可能な消費、生産形態及び環境に配慮した技術のための研究開発に係る開発途上国への支援総計
12.b	雇用創出、地方の文化振興・産品販促につながる持続可能な観光業に対して持続可能な開発がもたらす影響を測定する手法を開発・導入する。	12.b.1	承認された評価監視ツールのある持続可能な観光戦略や政策、実施された行動計画の数
12.c	開発途上国の特別なニーズや状況を十分考慮し、貧困層やコミュニティを保護する形で開発に関する悪影響を最小限に留めつつ、税制改正や、有害な補助金が存在する場合はその環境への影響を考慮してその段階的廃止などを通じ、各国の状況に応じて、市場のひずみを除去することで、浪費的な消費を奨励する、化石燃料に対する非効率な補助金を合理化する。	12.c.1	GDP（生産及び消費）の単位当たり及び化石燃料の国家支出総額に占める化石燃料補助金

［目標 13：気候変動に具体的な対策を］のターゲットと指標は下表のとおり。

ターゲット		指標	
13.1	全ての国々において、気候関連災害や自然災害に対する強靱性（レジリエンス）及び適応の能力を強化する。	13.1.1	10万人当たりの災害による死者数、行方不明者数、直接的負傷者数
		13.1.2	仙台防災枠組み2015-2030に沿った国家レベルの防災戦略を採択し実行している国の数（指標1.5.3及び11.b.1と同一指標）
		13.1.3	国家防災戦略に沿った地方レベルの防災戦略を採択し実行している地方政府の割合
13.2	気候変動対策を国別の政策、戦略及び計画に盛り込む。	13.2.1	気候変動の悪影響に適応し、食料生産を脅かさない方法で、気候強靱性や温室効果ガスの低排出型の発展を促進するための能力を増加させる統合的な政策/戦略/計画（国の適応計画、国が決定する貢献、国別報告書、隔年更新報告書その他を含む）の確立又は運用を報告している国の数
13.3	気候変動の緩和、適応、影響軽減及び早期警戒に関する教育、啓発、人的能力及び制度機能を改善する。	13.3.1	緩和、適応、影響軽減及び早期警戒を、初等、中等及び高等教育のカリキュラムに組み込んでいる国の数
		13.3.2	適応、緩和及び技術移転を実施するための制度上、システム上、及び個々人における能力構築の強化や開発行動を報告している国の数
13.a	重要な緩和行動の実施とその実施における透明性確保に関する開発途上国のニーズに対応するため、2020年までにあらゆる供給源から年間1,000億ドルを共同で動員するという、UNFCCCの先進締約国によるコミットメントを実施するとともに、可能な限り速やかに資本を投入して緑の気候基金を本格始動させる	13.a.1	2020-2025年の間に1000億USドルコミットメントを実現するために必要となる1年当たりに投資される総USドル

ターゲット		指標	
13.b	後発開発途上国及び小島嶼開発途上国において、女性や青年、地方及び社会的に疎外されたコミュニティに焦点を当てることを含め、気候変動関連の効果的な計画策定と管理のための能力を向上するメカニズムを推進する。	13.b.1	女性や青年、地方及び社会的に疎外されたコミュニティに焦点を当てることを含め、気候変動関連の効果的な計画策定と管理のための能力を向上させるメカニズムのために、専門的なサポートを受けている後発開発途上国や小島嶼開発途上国の数及び財政、技術、能力構築を含む支援総額

［目標 14：海の豊かさを守ろう］のターゲットと指標は下表のとおり。

ターゲット		指標	
14.1	2025 年までに、海洋ごみや富栄養化を含む、特に陸上活動による汚染など、あらゆる種類の海洋汚染を防止し、大幅に削減する。	14.1.1	沿岸富栄養化指数（ICEP）及び浮遊プラスチックごみの密度
14.2	2020 年までに、海洋及び沿岸の生態系に関する重大な悪影響を回避するため、強靱性（レジリエンス）の強化などによる持続的な管理と保護を行い、健全で生産的な海洋を実現するため、海洋及び沿岸の生態系の回復のための取組を行う。	14.2.1	生態系を基盤として活用するアプローチにより管理された各国の排他的経済水域の割合
14.3	あらゆるレベルでの科学的協力の促進などを通じて、海洋酸性化の影響を最小限化し、対処する。	14.3.1	承認された代表標本抽出地点で測定された海洋酸性度（pH）の平均値
14.4	水産資源を、実現可能な最短期間で少なくとも各資源の生物学的特性によって定められる最大持続生産量のレベルまで回復させるため、2020 年までに、漁獲を効果的に規制し、過剰漁業や違法・無報告・無規制（IUU）漁業及び破壊的な漁業慣行を終了し、科学的な管理計画を実施する。	14.4.1	生物学的に持続可能なレベルの水産資源の割合

ターゲット		指標	
14.5	2020年までに、国内法及び国際法に則り、最大限入手可能な科学情報に基づいて、少なくとも沿岸域及び海域の10パーセントを保全する。	14.5.1	海域に関する保護領域の範囲
14.6	開発途上国及び後発開発途上国に対する適切かつ効果的な、特別かつ異なる待遇が、世界貿易機関（WTO）漁業補助金交渉の不可分の要素であるべきことを認識した上で、2020年までに、過剰漁獲能力や過剰漁獲につながる漁業補助金を禁止し、違法・無報告・無規制（IUU）漁業につながる補助金を撤廃し、同様の新たな補助金の導入を抑制する。	14.6.1	IUU漁業（Illegal（違法）・Unreported（無報告）・Unregulated（無規制））と対峙することを目的としている国際的な手段の実施状況
14.7	2030年までに、漁業、水産養殖及び観光の持続可能な管理などを通じ、小島嶼開発途上国及び後発開発途上国の海洋資源の持続的な利用による経済的便益を増大させる。	14.7.1	小島嶼開発途上国、後発開発途上国及び全ての国々のGDPに占める持続可能な漁業の割合
14.a	海洋の健全性の改善と、開発途上国、特に小島嶼開発途上国および後発開発途上国の開発における海洋生物多様性の寄与向上のために、海洋技術の移転に関するユネスコ政府間海洋学委員会の基準・ガイドラインを勘案しつつ、科学的知識の増進、研究能力の向上、及び海洋技術の移転を行う。	14.a.1	総研究予算額に占める、海洋技術分野に割り当てられた研究予算の割合
14.b	小規模・沿岸零細漁業者に対し、海洋資源及び市場へのアクセスを提供する。	14.b.1	小規模・零細漁業のためのアクセス権を認識し保護する法令/規制/政策/制度枠組みの導入状況

ターゲット		指標	
14.c	「我々の求める未来」のパラ 158 において想起されるとおり、海洋及び海洋資源の保全及び持続可能な利用のための法的枠組みを規定する海洋法に関する国際連合条約（UNCLOS）に反映されている国際法を実施することにより、海洋及び海洋資源の保全及び持続可能な利用を強化する。	14.c.1	海洋及び海洋資源の保全と持続可能な利用のために「海洋法に関する国際連合条約（UNCLOS）」に反映されているとおり、国際法を実施する海洋関係の手段を、法、政策、機関的枠組みを通して、批准、導入、実施を推進している国の数

［目標 15：陸の豊かさを守ろう］のターゲットと指標は下表のとおり。

ターゲット		指標	
15.1	2020 年までに、国際協定の下での義務に則って、森林、湿地、山地及び乾燥地をはじめとする陸域生態系と内陸淡水生態系及びそれらのサービスの保全、回復及び持続可能な利用を確保する。	15.1.1	土地全体に対する森林の割合
		15.1.2	陸生及び淡水性の生物多様性に重要な場所のうち保護区で網羅されている割合（保護地域、生態系のタイプ別）
15.2	2020 年までに、あらゆる種類の森林の持続可能な経営の実施を促進し、森林減少を阻止し、劣化した森林を回復し、世界全体で新規植林及び再植林を大幅に増加させる。	15.2.1	持続可能な森林経営における進捗
15.3	2030 年までに、砂漠化に対処し、砂漠化、干ばつ及び洪水の影響を受けた土地などの劣化した土地と土壌を回復し、土地劣化に荷担しない世界の達成に尽力する。	15.3.1	土地全体のうち劣化した土地の割合
15.4	2030 年までに持続可能な開発に不可欠な便益をもたらす山地生態系の能力を強化するため、生物多様性を含む山地生態系の保全を確実に行う。	15.4.1	山地生物多様性のための重要な場所に占める保全された地域の範囲
		15,4,2	山地グリーンカバー指数
15.5	自然生息地の劣化を抑制し、生物多様性の損失を阻止し、2020 年までに絶滅危惧種を保護し、また絶滅防止するための緊急かつ意味のある対策を講じる。	15.5.1	レッドリスト指数

資料

ターゲット		指標	
15.6	国際合意に基づき、遺伝資源の利用から生ずる利益の公正かつ衡平な配分を推進するとともに、遺伝資源への適切なアクセスを推進する。	15.6.1	利益の公正かつ衡平な配分を確保するための立法上、行政上及び政策上の枠組みを持つ国の数
15.7	保護の対象となっている動植物種の密猟及び違法取引を撲滅するための緊急対策を講じるとともに、違法な野生生物製品の需要と供給の両面に対処する。	15.7.1	密猟された野生生物又は違法に取引された野生生物の取引の割合（指標 15.c.1 と同一指標）
15.8	2020 年までに、外来種の侵入を防止するとともに、これらの種による陸域・海洋生態系への影響を大幅に減少させるための対策を導入し、さらに優先種の駆除または根絶を行う。	15.8.1	外来種に関する国内法を採択しており、侵略的外来種の防除や制御に必要な資金等を確保している国の割合
15.9	2020 年までに、生態系と生物多様性の価値を、国や地方の計画策定、開発プロセス及び貧困削減のための戦略及び会計に組み込む。	15.9.1	物多様性戦略計画 2011-2020 の愛知目標の目標 2 に従って設定された国内目標に対する進捗
15.a	生物多様性と生態系の保全と持続的な利用のために、あらゆる資金源からの資金の動員及び大幅な増額を行う。	15.a.1	生物多様性及び生態系の保全と持続的な利用に係る ODA 並びに公的支出（指標 15.b.1 と同一指標）
15.b	保全や再植林を含む持続可能な森林経営を推進するため、あらゆるレベルのあらゆる供給源から、持続可能な森林経営のための資金の調達と開発途上国への十分なインセンティブ付与のための相当量の資源を動員する。	15.b.1	生物多様性及び生態系の保全と持続的な利用に係る ODA 並びに公的支出（指標 15.a.1 と同一指標）
15.c	持続的な生計機会を追求するために地域コミュニティの能力向上を図る等、保護種の密猟及び違法な取引に対処するための努力に対する世界的な支援を強化する。	15.c.1	密猟された野生生物又は違法に取引された野生生物の取引の割合（指標 15.7.1 と同一指標）

［目標 16：平和と公正をすべての人に］のターゲットと指標は下表のとおり。

ターゲット		指標	
16.1	あらゆる場所において、全ての形態の暴力及び暴力に関連する死亡率を大幅に減少させる。	16.1.1	10万人当たりの意図的な殺人行為による犠牲者の数（性別、年齢別）
		16.1.2	10万人当たりの紛争関連の死者の数（性別、年齢、原因別）
		16.1.3	過去12か月において (a)身体的暴力、(b)精神的暴力、(c)性的暴力を受けた人口の割合
		16.1.4	自身の居住区地域を一人で歩いても安全と感じる人口の割合
16.2	子供に対する虐待、搾取、取引及びあらゆる形態の暴力及び拷問を撲滅する。	16.2.1	過去1か月における保護者等からの身体的な暴力及び/又は心理的な攻撃を受けた1歳～17歳の子供の割合
16.3	国家及び国際的なレベルでの法の支配を促進し、全ての人々に司法への平等なアクセスを提供する。	16.3.1	過去12か月間に暴力を受け、所管官庁又はその他の公的に承認された紛争解決機構に対して、被害を届け出た者の割合
		16.3.2	刑務所の総収容者数に占める判決を受けていない勾留者の割合
16.4	2030年までに、違法な資金及び武器の取引を大幅に減少させ、奪われた財産の回復及び返還を強化し、あらゆる形態の組織犯罪を根絶する。	16.4.1	内外の違法な資金フローの合計額（USドル）
		16.4.2	国際的な要件に従い、所管当局によって、発見/押収された武器で、その違法な起源又は流れが追跡/立証されているものの割合
16.5	あらゆる形態の汚職や贈賄を大幅に減少させる。	16.5.1	過去12か月間に公務員に賄賂を支払った又は公務員より賄賂を要求されたことが少なくとも1回はあった人の割合
		16.5.2	過去12か月間に公務員に賄賂を支払った又は公務員より賄賂を要求されたことが少なくとも1回はあった企業の割合

資料

ターゲット		指標	
16.6	あらゆるレベルにおいて、有効で説明責任のある透明性の高い公共機関を発展させる。	16.6.1	当初承認された予算に占める第一次政府支出（部門別、（予算別又は類似の分類別））
		16.6.2	最後に利用した公共サービスに満足した人の割合
16.7	あらゆるレベルにおいて、対応的、包摂的、参加型及び代表的な意思決定を確保する。	16.7.1	国全体における分布と比較した、国・地方の公的機関（(a)議会、(b)公共サービス及び(c)司法を含む。）における性別、年齢別、障害者別、人口グループ別の役職の割合
		16.7.2	国の政策決定過程が包摂的であり、かつ応答性を持つと考える人の割合（性別、年齢別、障害者及び人口グループ別）
16.8	グローバル・ガバナンス機関への開発途上国の参加を拡大・強化する。	16.8.1	国際機関における開発途上国のメンバー数及び投票権の割合
16.9	2030年までに、全ての人々に出生登録を含む法的な身分証明を提供する。	16.9.1	5歳以下の子供で、行政機関に出生登録されたものの割合（年齢別）
16.10	国内法規及び国際協定に従い、情報への公共アクセスを確保し、基本的自由を保障する。	16.10.1	過去12か月間にジャーナリスト、メディア関係者、労働組合員及び人権活動家の殺害、誘拐、強制失踪、恣意的拘留及び拷問について立証された事例の数
		16.10.2	情報へのパブリックアクセスを保障した憲法、法令、政策の実施を採択している国の数
16.a	特に開発途上国において、暴力の防止とテロリズム・犯罪の撲滅に関するあらゆるレベルでの能力構築のため、国際協力などを通じて関連国家機関を強化する。	16.a.1	パリ原則に準拠した独立した国内人権機関の存在の有無
16.b	持続可能な開発のための非差別的な法規及び政策を推進し、実施する。	16.b.1	国際人権法の下で禁止されている差別の理由において、過去12か月の間に差別又は嫌がらせを個人的に感じたと報告した人口の割合

[目標 17：パートナーシップで目標を達成しよう］のターゲットと指標は下表のとおり。

ターゲット			指標	
資金	17.1	課税及び徴税能力の向上のため、開発途上国への国際的な支援なども通じて、国内資源の動員を強化する。	17.1.1	GDPに占める政府収入合計の割合（収入源別）
			17.1.2	国内予算における、自国内の税収が資金源となっている割合
	17.2	先進国は、開発途上国に対するODAをGNI比0.7%に、後発開発途上国に対するODAをGNI比0.15～0.20%にするという目標を達成するとの多くの国によるコミットメントを含むODAに係るコミットメントを完全に実施する。ODA供与国が、少なくともGNI比0.20%のODAを後発開発途上国に供与するという目標の設定を検討することを奨励する。	17.2.1	OECD/DACによる寄与のGNIに占める純ODA総額及び後発開発途上国を対象にした額
	17.3	複数の財源から、開発途上国のための追加的資金源を動員する。	17.3.1	海外直接投資（FDI)、ODA及び南南協力の国内総予算に占める割合
			17.3.2	GDP総額に占める送金額（USドル）
	17.4	必要に応じた負債による資金調達、債務救済及び債務再編の促進を目的とした協調的な政策により、開発途上国の長期的な債務の持続可能性の実現を支援し、重債務貧困国（HIPC）の対外債務への対応により債務リスクを軽減する。	17.4.1	財及びサービスの輸出額に対する債務の割合
	17.5	後発開発途上国のための投資促進枠組みを導入及び実施する。	17.5.1	後発開発途上国のための投資促進枠組みを導入及び実施している国の数

	ターゲット		指標	
技術	17.6	科学技術イノベーション（STI）及びこれらへのアクセスに関する南北協力、南南協力及び地域的・国際的な三角協力を向上させる。また、国連レベルをはじめとする既存のメカニズム間の調整改善や、全世界的な技術促進メカニズムなどを通じて、相互に合意した条件において知識共有を進める。	17.6.1	各国間における科学技術協力協定及び計画の数（協力形態別）
			17.6.2	100人当たりの固定インターネットブロードバンド契約数（回線速度別）
	17.7	開発途上国に対し、譲許的・特恵的条件などの相互に合意した有利な条件の下で、環境に配慮した技術の開発、移転、普及及び拡散を促進する。	17.7.1	環境に配慮した技術の開発、移転、普及及び拡散の促進を目的とした開発途上国のための承認された基金の総額
	17.8	2017年までに、後発開発途上国のための技術バンク及び科学技術イノベーション能力構築メカニズムを完全運用させ、情報通信技術（ICT）をはじめとする実現技術の利用を強化する。	17.8.1	インターネットを使用している個人の割合
能力構築	17.9	全ての持続可能な開発目標を実施するための国家計画を支援するべく、南北協力、南南協力及び三角協力などを通じて、開発途上国における効果的かつ的をしぼった能力構築の実施に対する国際的な支援を強化する。	17.9.1	開発途上国にコミットした財政支援額及び技術支援額（南北、南南及び三角協力を含む）（ドル）
貿易	17.10	ドーハ・ラウンド（DDA）交渉の受諾を含むWTOの下での普遍的でルールに基づいた、差別的でない、公平な多角的貿易体制を促進する。	17.10.1	世界中で加重された関税額の平均
	17.11	開発途上国による輸出を大幅に増加させ、特に2020年までに世界の輸出に占める後発開発途上国のシェアを倍増させる。	17.11.1	世界の輸出額シェアに占める開発途上国と後発開発途上国の割合

	ターゲット		指標	
	17.12	後発開発途上国からの輸入に対する特恵的な原産地規則が透明で簡略的かつ市場アクセスの円滑化に寄与するものとなるようにすることを含む世界貿易機関（WTO）の決定に矛盾しない形で、全ての後発開発途上国に対し、永続的な無税・無枠の市場アクセスを適時実施する。	17.12.1	開発途上国、後発開発途上国及び小島嶼開発途上国が直面している関税の平均
体制面・政策・制度的整合性	17.13	政策協調や政策の首尾一貫性などを通じて、世界的なマクロ経済の安定を促進する。	17.13.1	マクロ経済ダッシュボード
	17.14	持続可能な開発のための政策の一貫性を強化する。	17.14.1	持続可能な開発の政策の一貫性を強化するためのメカニズムがある国の数
	17.15	貧困撲滅と持続可能な開発のための政策の確立・実施にあたっては、各国の政策空間及びリーダーシップを尊重する。	17.15.1	開発協力提供者ごとの、その国の持つ結果枠組み及び計画ツールの利用範囲
マルチステークホルダー・パートナーシップ	17.16	全ての国々、特に開発途上国での持続可能な開発目標の達成を支援すべく、知識、専門的知見、技術及び資金源を動員、共有するマルチステークホルダー・パートナーシップによって補完しつつ、持続可能な開発のためのグローバル・パートナーシップを強化する。	17.16.1	持続可能な開発目標の達成を支援するマルチステークホルダー開発有効性モニタリング枠組みにおいて進捗を報告する国の数
	17.17	さまざまなパートナーシップの経験や資源戦略を基にした、効果的な公的、官民、市民社会のパートナーシップを奨励・推進する。	17.17.1	(a)官民パートナーシップにコミットしたUSドルの総額 (b)市民社会パートナーシップにコミットしたUSドルの総額

ターゲット			指標	
データ、モニタリング、説明責任	17.18	2020年までに、後発開発途上国及び小島嶼開発途上国を含む開発途上国に対する能力構築支援を強化し、所得、性別、年齢、人種、民族、居住資格、障害、地理的位置及びその他各国事情に関連する特性別の質が高く、タイムリーかつ信頼性のある非集計型データの入手可能性を向上させる。	17.18.1	公的統計の基本原則に従い、ターゲットに関する場合に、各国レベルで完全に詳細集計されて作成されたSDG指標の割合
			17.18.2	公的統計の基本原則に準じた国家統計法のある国の数
			17.18.3	十分な資金提供とともに実施されている国家統計計画を持つ国の数（資金源別）
	17.19	2030年までに、持続可能な開発の進捗状況を測るGDP以外の尺度を開発する既存の取組を更に前進させ、開発途上国における統計に関する能力構築を支援する。	17.19.1	開発途上国における統計能力の強化のために利用可能となった資源のドル額
			17.19.2	a) 少なくとも過去10年に人口・住宅センサスを実施した国の割合 b) 出生届が100％登録され、死亡届が80％登録された国の割合

出所：「我々の世界を変革する：持続可能な開発のための2030アジェンダ」国際連合広報局に基づき一部筆者が修正。
外務省：https://www.mofa.go.jp/mofaj/files/000101402.pdf
総務省指標仮訳に基づき一部筆者が修正。https://www.soumu.go.jp/toukei_toukatsu/index/kokusai/02toukatsu01_04000212.html

【監修者】

（第１章）

■塚田秀俊（つかだ ひでとし）

中央大学法学部卒業後、東洋信託銀行（現:三菱UFJ信託銀行）に入社。現在は、野村総合研究所金融ＩＴコンサルティング部。専門は、「金融関連法制度×金融ＩＴソリューション」及び「データ活用×金融ＩＴソリューション」の研究・コンサルティング。専門分野：マイナンバー制度、データ保護制度、情報銀行制度、ＳＤＧｓ・ＥＳＧ金融、金融業務および業務システム（融資、資産運用、決済、システム移行・統合）。

（第２章）

■石丸亜矢子（いしまる あやこ）

株式会社野村総合研究所にて金融機関やインフラ産業等のシステム戦略、システム化構想、システム企画、組織改革、内部統制等に15年間従事した後、退職、接点合同会社を設立。ＩＴや組織のコンサルティングを受託する傍ら、新潟薬科大学にてＩＴとビジネスデザイン分野の専任助教を2年間勤める。同退職後、現職は接点合同会社代表社員および大学特任講師。 専門分野： 地域活性化、ＳＤＧｓ・ＥＳＧ、食品ロス対策、組織改革・人材育成。

一般社団法人 金融検定協会認定
SDGs・ESG金融検定試験模擬問題集
24年度試験版
〈検印省略〉

2024年３月20日　初版発行
１刷　2024年３月20日
２刷　2024年９月27日

編　者　金融検定協会

発行者　星野　広友

発行所　株式会社 銀行研修社
東京都豊島区北大塚３丁目10番５号
電話　東京　03(3949)4101(代表)
振替　００１２０－４－８６０４

印刷／新灯印刷株式会社
製本／株式会社中永製本所
落丁・乱丁はおとりかえいたします。
ISBN978-4-7657-4711-0 C3033